Heinrich Adolf Köstlin

Kandidatenfahrten

Heinrich Adolf Köstlin

Kandidatenfahrten

ISBN/EAN: 9783744656368

Hergestellt in Europa, USA, Kanada, Australien, Japan

Cover: Foto ©ninafisch / pixelio.de

Weitere Bücher finden Sie auf **www.hansebooks.com**

Kandidatenfahrten.

Von

H. A. Köstlin.

Zweite Auflage.

Freiburg i. B.
Leipzig und Tübingen
Verlag von J. C. B. Mohr (Paul Siebeck)
1899.

Druck von H. Laupp jr in Tübingen.

Zur 2. Auflage.

Nahezu 25 Jahre sind verflossen, seit diese Blätter sich schüchtern an die Oeffentlichkeit gewagt haben, nahezu 30 Jahre, seit der junge schwäbische Kandidat darin seinem Herzen Luft gemacht hat. Seltsam berührt den Verfasser heute der kecke Uebermut und die schriftstellerische Unbehülflichkeit; kann und darf er sich denn noch zu diesen Ergüssen gährungsvoller Jugend bekennen, wie sie sich ihm einst in stillen Stunden des Ringens und Suchens von der Seele gelöst haben? Er ist ja doch selbst naturgemäß in vielen Stücken seither ein anderer geworden. Aber so manche Ernüchterung ihm die Fahrt durch das Leben gebracht hat, ein Ringender, ein Suchender, also „ein Kandidat" im Sinne nicht von 2 Tim. 3, 7, sondern von Phil. 3, 12 ist er bis heute noch geblieben und schämt sich dessen nicht. Vielleicht schadet es einer Zeit, der die ringenden und suchenden Kandidaten unbequem und unwillkommen zu sein scheinen, gar nicht, wenn ihr in Erinnerung gebracht wird, daß es solche immer gegeben hat, und daß sie nicht die schlechtesten gewesen sind. Es will uns je und je bedünken, als hätten manche, die an entscheidender Stelle stehen, völlig vergessen, daß auch sie einst jung, daß sie unfertige Kandidaten gewesen sind. Um den „Glauben" ist es eine heilige, eine zarte Sache. Er verträgt gerade bei edel angelegten und fein gestimmten Seelen weder aufdringliches Meistern, noch gewaltsamen Eingriff. Er gleicht der Pflanze, die zur gesunden Entwickelung vor allem Licht und Luft braucht, der freien Bewegung bedarf. Nicht der gezüchtete, nur der gewordene, mit der Persönlichkeit verwachsene Glaube trägt überzeugende und werbende Kraft in sich. Solcher aber bedarfs in unseren Tagen vor allem andern.

So mögen diese Blätter noch einmal hinausgehen, so wie sie aus der Hand des Kandidaten hervorgegangen sind. Daß ein solcher sich wie ein Prälat ausdrücke, kann niemand erwarten. Die Probleme, die Fragestellungen, die auf den jungen Theologen warten, sind ja freilich heutzutage andere, als damals, da Christoph Maier die Universität verließ. Geblieben aber ist der schwere Ernst des Ueberganges. Alle, denen dieser aufs Herz fällt, wollen diese Blätter grüßen!

Der Verfasser.

In's Leben.

I.

O jerum, jerum, jerum,
O quae mutatio rerum!

Der Himmel war wieder einmal recht zum Greinen aufgelegt; wiewohl es erst Mitte Oktober war, hatte er sich doch heute schon einen ächten und gerechten Novembertag zurecht gemacht. Das, was von dem bleifarbenen Himmelsgewölbe so unaufhörlich herunternäßte, war nicht einmal ein gesunder, vernünftiger, ausgesprochener Regen, sondern ein perfides, feindseliges monotones Gerinsel.

Die neue Gebirgsstraße, welche bei gutem Wetter eine unvergleichlich schöne Aussicht in das wildromantische Thal bot, an dessen Wänden sie sich in großen Bogen hinaufzog, machte heute einen trübseligen Eindruck. Ueber den dunkeln Tannenwäldern, mit welchen die Thalwände bewachsen waren, lagerten weiße Nebelschichten, die sich da und dort, gleich einem zähen Gespenst, in die Thalklüfte einzwängten und einkrallten.

Solch' ein recht ausgesprochenes widerwärtiges Wetter muß manchmal draußen sein, damit die Menschen wieder dankbar erkennen, was es um ein gutes behagliches Daheim ist.

Das hätte der einsame Wanderer gerne anerkannt, der in dem abscheulichen Wetter die Straße entlang marschierte. Er war leicht gekleidet; der Schnitt der Kleider verriet den Gebildeten oder Studierten. Das Ränzchen, das er trug, sowie das jugendliche Aussehen des blondgelockten Wanderers ließ vermuten, daß er dem frohen Kreise der Musensöhne angehörte, oder doch ihm noch nicht lange entsprungen war.

Von Zeit zu Zeit sandte er sehnsüchtige Blicke die Straße hinauf. Bei hellem Wetter sollte man die Stadt oder besser das Städtchen sehen, das den Kamm des Berges krönte. Heute aber war wegen des rieselnden Nebels nichts zu erschauen. Wehmütig liebäugelte unser junger Wandersmann zuweilen mit den eleganten Stifeletten, welche für solche Wege und für solch' durchdringende, konsequente, gleichmütige Nässe offenbar nicht gebaut waren.

Man sah wohl, der Mann war noch nicht vertraut mit den Pfaden des Schwarzwalds, er war auch noch nicht eingerichtet auf widriges Geschick; er war jung, zum ersten Mal allein da außen!

„Prächtig's Wetterle!" sagte droben im Städtchen die Frau Posthalterin und Wirtin zum Waldhorn. „Prächtig's Wetterle!" sagte sie zufrieden, während vielleicht unser einsamer Kandidat auf der Landstraße draußen dem Wetter

2

bittre Flüche von Herzensgrund zollte. Denn wie auch unser Herrgott das Wetter einrichtet, er macht es den Leuten nie recht. „Prächtig's Wetterle!" sagte die Waldhornwirtin, wenn's so recht bleigrau dunkelte und näßte, und sie wußte warum. Da merken doch auch die Leute, welch' eine herrliche Gottesgabe die behäbige, gemütliche Gaststube im Waldhorn ist. Wie harmonisch stimmt zu dem Wetter das braun getäferte, rauchgeschwärzte Zimmer. Wie wohlthuend berührt das ruhige, konservative Wesen im Haus! Es ist, als spürte man, daß im Waldhorn die Menschen nur wechselnde Accidenzien sind, die Substanz aber, die bleibt, das Waldhorn selbst ist. Auf das Waldhorn hatte die jetzige Waldhornwirtin den jetzigen Waldhornwirt geheiratet; er war nun Accidenz an der Substanz des Waldhorns; wie er sonst hieß, d. h. wie er vor der Heirat geheißen hat, das wußte nur der Stadtpfarrer; er war halt der Waldhornwirt.

„So war's vor hundert Jahren! so war's vor aber hundert Jahren!" Dies Gefühl überkommt jeden, der in die Gaststube zum Waldhorn trift! Da steht der ungeheure thönerne Ofen breit und pfostig mitten in der Stube, als wollte er sagen: der eigentliche Ahn' und Mittelpunkt des Waldhorns bin doch ich! Da hängt um den Ofen jene unaussprechliche Gattung von Wäsche, die beredt, wie ein Familienregister, zeugt von dem reichen Segen des Hauses, der nicht aussterben kann, da sonst die Substanz ihrer Accidenzien beraubt wäre. Da brodelt endlich in der „Bratkachel" das edle Sauerkraut, jenen wundersamen, süß warmen Duft im Zim-

mer verbreitend, der in dem Schwaben so ahnungsvolle Gefühle weckt, wie der Leberthranduft im Grönländer, und ihm
sagt: Schwabe, du bist daheim!

Dazwischen roch man freilich noch mehreres andre: ab-
gestandenen Cabackrauch, herrührend vom vergangenen Abend,
gemischt mit frischem heutigem Knasterduft.

Der letztere rührte von den Morgengästen her, deren
Anwesenheit der Waldhornwirtin eine so fröhliche Ergebung
in das böse Wetter schuf.

Da saßen sie, unbewegt und unentwegt in stiller Be-
schauung und schweigendem Selbstgenügen, tranken den roten
der Frau Waldhornwirtin und hieben ab und zu dem Brod-
laib, der auf dem Tisch in der Mitte lag, felsige Stücke ab.
Es war so still und behaglich in der Stube, daß man's hörte,
wenn einer schluckte. Es waren auch kräftige Schwarzwälder-
schlücke. Ein konservativer Friede lag über dem Ganzen,
so daß man wohl begriff, daß die werten Morgengäste nicht
erst das Wetter abwarteten, sondern täglich sich sammelten
zu gleichem beschaulichem Thun. Auch sie waren ja nur Accidenzien an der Substanz ihres Amtes. Dort auf dem leder-
gepolsterten Sorgensessel hatte seit unvordenklichen Zeiten
der Herr Stadtschultheiß gethront. Ja, dieser Sessel war ge-
wissermaßen das Palladium des Waldhorns; denn als der
große Brand das alte Waldhorn zerstörte, war der Sessel
allein gerettet worden. Dem Stadtschultheiß gegenüber, als
Anwart des Amtes und als sein Seelenwärter dem Stadtschultheiß ein beredtes memento mori, war von jeher am

unteren Ende des Tisches der Stiftungspfleger gesessen. Zwischen den beiden tagten, genau dem Dienstalter nach, die ehrbaren Mitglieder des Gemeinderats unsrer guten Stadt. Und merkwürdig war's, wie alle Individualität der wackeren Männer aufgieng in dem Amte, das sie vertraten: so, wie dieser Stadtschultheiß, hatten alle ausgesehen, die je den erhabenen Sitz eingenommen hatten, und so wie dieser Stadtschultheiß aussieht, wird auch der, welcher jetzt Stiftungspfleger heißt, einst aussehen. Es ist etwas Wunderbares um den Konservatismus auf dem Lande! Nur schade, daß er aus den frischen Menschenkindern trockene Schemen macht!

Würdiges Schweigen herrschte in der ehrbaren Trinkerrunde. Sie ruhten ja aus von des Tages Last und Hitze, denn von 9 bis 10 Uhr hatten sie auf dem Rathaus beraten die Angelegenheiten der Vaterstadt. Jetzt — um 10 Uhr Morgens — durften sie wohl dem Studium des Schalksteiners in ernster Betrachtung obliegen und sie thaten es mit der ihrem Amte zukommenden Gravität und Ausschließlichkeit.

Es kam etwas Leben in dieses Wachsfigurenkabinet, als der Handelsmann, Banquier, Groß- und Klein-Industrielle des Ortes, Herr Levi Augenthal, zur Thüre hereinkam. Die würdigen Häupter wandten sich bedächtig dem Eintretenden zu, seines Grußes gewärtig.

„Hab' die Ehre, ihr Herren! Guten Morgen, Frau Oberpostmeisterin!" sprach der Neuangekommene, und herablassend neigten sich die Häupter, aufs Neue in schweigende Betrachtung sich einlullend.

Herr Augenthal setzte sich seitab an eine Ecke des größeren Wirtstisches; er war Israelite und deshalb nicht würdig. neben die christlichen Herren zu sitzen.

Mit lebhaftem Gespräch begann er die Posthalterin und Waldhornwirtin zu fesseln, erst über ihre Familienangelegenheiten, dann über die Kornpreise und Viehpreise.

Verstohlen schielten die Häupter der Stadt hinüber zu dem Matador des städtischen Handels, denn eine Kuh hatte jeder und auch einige Aeckerlein. Gewinnen gieng ihnen doch noch übers Regieren. Der Stiftungspfleger, der dem Heiligen beruflich eben doch am nächsten stand, markierte die Verachtung des Irdischen, indem er das auf dem Tisch liegende Amts- und Intelligenzblatt ergriff und mit ostensibler Energie studierte.

Eine neue Wendung erhielt der Gang der Dinge im Waldhorn, als der Revierförster eintrat, eine pfostige Hünengestalt, und pustend mit einem saftigen Fluch auf das „Sauwetter" sich auf einen Stuhl niederließ, daß es krachte. Den Herren war er nicht grün, denn er hielt sie für Tagediebe und „armselige, knauserige Schreibersseelen." Er setzte sich daher an einen dritten Tisch, an dessen unterem Ende sein getreuer Schatten, der Forstwart, Platz nehmen durfte. Der Sohn des Waldes legte sich einen Heidelbeergeist bei und fieng an, mit der Waldhornwirtin zu diskurieren, die er bald dem „Juden" abspenstig gemacht hatte und mit waidmännischer, grobschrotiger Galanterie heimsuchte. Nachdem der Heidelbeergeist sich mit dem Lebensgeist des Waldessohnes

verbunden hatte, fieng er an, zu fluchen und sich zu ver-
messen, daß er dem verfluchten Wilderer anf die Spur gekommen sei, welchen er schon lang auf der Muck habe.
„Ungespitzt schlag' ich ihn in den Boden hinein, Frau, das
sag ich! und wenn's der oberst im Land ist, ungespitzt, ja!"
schrie er mit zornfunkelnden Blicken gegen den Herrentisch
hinüber; denn er wußte wohl, daß die „Schreiber" auf dem
Lande das Holzstehlen und Wildern für keine Sünde halten,
wenns nur nicht geschieht am Stadtwald, sondern am königlichen Staatswald. „Die Herrschaft spürts nicht." Die Atmo-
sphäre begann schwül zu werden; ein Glück daß gerade heute
und gerade jetzt zu den Gewohnheitsmorgengästen ein ganz
besondrer Gast kam, der Unterlehrer von Unterbeerenbach,
einem zwei bis drei Stunden von der Stadt entfernten auf
der Höhe gelegenen Pfarrdörfchen.

Mit weltmännischer Haltung und mit dem Selbstbewußt-
sein des genialen Menschen schritt er, ohne den Herrentisch
eines Blickes zu würdigen, auf den Revierförster zu. Denn
dieser allein war noch einigermaßen zu den Männern von
wissenschaftlicher Bildung zu zählen, während die sogenannten
„Herren" nur „emporgekommene Schreiberskreaturen seien,"
wie unser Lehrer meinte. „Wenn ein Provisor vom Schul-
amt gewaltsam entfernt worden sei, mache man ihn zum
Schreiber", das hatte der Herr Unterlehrer dem „Heiligen-
pflegerle" einmal mit Emphase an die Stirne geschleudert.
Seither war der Stiftungspfleger, welcher sämtliche Stiftungspfleger der Umgegend zu seinen Vettern rechnete, dem Schul-

stande spinnenfeind. Vielleicht stand das windige, leichte Röcklein des Unterlehrers mit dieser Spinnenfeindschaft des Gemeindesäckels gegen den Schulstand in naher Beziehung. Jedenfalls fiel die auf ein südliches Klima berechnete Eleganz und Sommerlichkeit des Gewandes schwer auf im Kontrast zu dem lieblichen Wetter draußen.

„Prosꞌt Schulmeisterle, auch wieder da? So frühꞌ schon? Hat man euch denn aufgebessert? Himmelmillionen!" schrie ihm der Förster kordial entgegen.

„Ich habe die Ehre, Herr Forstmeister", erwiderte, etwas verletzt durch diese Bewillkommnung, der Provisor. Es ist auch taktlos, ihn, der sich heute einmal wollte einen guten Tag machen und satt essen, wieder an das Elend seiner irdischen Existenz zu erinnern. Da sieht man eben, daß „ein Wald-Student zwar mit Waldkulturen zu thun hat, aber doch noch nicht einmal im Vorhofe zu der Kultur steht, an deren Spitze die wahren Kulturträger, Bildungssäulen und Meister in Israel marschieren, die Volksschullehrer."

Doch die Vertraulichkeit, mit welcher ihn der königliche Beamte auszeichnete, söhnte den Volksbildner bald mit dem rauhen, homerischen Gebahren desselben aus, und er setzte sich zu ihm an den Tisch.

Das Gespräch kam jetzt auf die schönen Künste und Wissenschaften. Der Unterlehrer hatte einmal hierüber einen Konferenzvortrag gehalten, und der Revierförster schien es wert, mit demselben beglückt zu werden. Das Opfer ließ denn auch diesen Vortrag mit Geduld und Langmut über sich ergehen, während es dazu einen Käse bearbeitete. Glück-licherweise Weise war derselbe — nämlich der Vortrag — bald zu Ende, da Niemand Einwendungen machte.

„Schulmeisterle. heut sind Sie langweilig! Trinken Sie lieber eins! Und sagen Sie mir, was macht der Herr Pfaff draußen?" sagte der Förster, indem er das leere Teller von sich weg schob und einen tiefen Zug that.

Das zündete! Gift und Galle einer ganzen Woche ent-lud sich jetzt bei dem Schulmeisterle. War er doch verkannt, gekränkt in seinem innersten Heiligtum durch den Pfarrer, „der doch von Pädagogik rein gar nichts versteht."

Dem Revierförster war nichts willkommener, als des Schulmeisterles „Jesuitenwahn und geniale Extase," wie er es nannte. Der Heiligenpfleger aber spitzte gleichfalls die Ohren, denn er gedachte, dem Feind etwas anzuhängen und die ganze Expektoration gelegentlich dem Ortspfarrer von Unterbeerenbach zu hinterbringen.

„Pfaffen, Verdummung" — das war der erste Teil der Rede, dem ein zweiter sich anschloß, der von Sokrates han-delte und mit dem Unterlehrer von Unterbeerenbach endete, dem einzigen wahren und größten Jünger desselben, der die sokratische Methode erfaßt und vergeistigt habe, während selbst Pestalozzi noch kaum in den Vorhof ächter Sokratik eingedrungen sei. —

Der Revierförster stachelte den neuen Sokrates immer aufs Neue auf und legte sich selber mit kräftigen Zügen aus dem stets sich erneuernden Schoppen roten zu, den er auf den Heidelbeergeist gesetzt hatte.

„Schulmeisterle, entweder sind sie ein großes Genie oder ein ungeheures Kameel!" meinte er dazwischen.

„Sehr verbunden, sehr verbunden," sagte der neue Sokrates, „zu viel Ehre für mich!"

„So? also die Bescheidenheit verbietet Ihnen, das erste anzunehmen? Wissen Sie auch, wie dann logisch der Schluß lautet? Passen Sie auf, Schulmeisterle! Ich versteh auch Logik! Also entweder sind Sie ein großes Genie oder ein ungeheures Kameel! Ist's so richtig?"

„Ganz richtig! Das disjunktive Urteil ist ganz gut ausgedrückt," nickte der Sokrates.

„Gut! Die Bescheidenheit verbietet ihnen, anzunehmen, daß Sie ein großes Genie sind. Ist's so?"

„Gewiß, gewiß, Herr Revierförster." sagte, verlegen werdend der andre.

„Also heißts weiter, nun sind Sie kein großes Genie — Schluß? Schluß? Schulmeisterle, also sind Sie ein ungeheures Kameel! Logisch ganz richtig, he?" brüllte der Waidmann und schluckte den Schoppen hinunter.

„Formell ganz richtig, s'ist wahr! ich kann's nicht anfechten!" sprach der Schulmeister.

„Und materiell auch!" donnerte brüllend vor Lachen der Sohn des Waldes und klopfte dem Unterlehrer lustig auf die Achsel. „Unser eins hat Philosophie studiert, das versteht ihr Schulmonarchen eben nicht! B'sinnen Sie sich, ob der Schluß recht war!" und er lachte von Neuem. Auf dem Gesichte des Heiligenpflegers aber gieng wahrhaft die Sonne auf, als der Unterlehrer so ganz in die logische Schlinge fiel.

Indes hatten die Anwesenden den jungen Mann nicht bemerkt, der still eingetreten war und sich allein an einen Tisch gesetzt hatte. Denn der Revierförster ließ unter dröhnendem Lachen den Schulmeister seinen Schluß noch einmal durchmachen, und nun schloß sich sogar der Herrentisch dem Gelächter an, in das allein unser neuer Sokrates nicht einstimmte, denn er war tief, tief beleidigt.

Der eintretende Kandidat wurde nur von der steinalten Nähterin bemerkt, die in der Ecke des Zimmers hockte und mit der Regelmäßigkeit des Pendels ihre Fäden zog. Ueber die Nähterei hinweg gleitete ihr Blick verstohlen, aber durchdringend, über den jungen Mann hin. Sie wußte, wer es war; denn sein Kommen war in der „Gemeinschaft" angekündigt. Die Nähterin gehörte zu der Gemeinschaft, und in ihrem Haus wurde die Stunde gehalten. Ein mißbilligender Zug glitt über ihr verwittertes Gesicht — war es der „sündhafte" Schnitt der Kleider, was ihr Anstoß erregte? Sie vernähte ihren aufwachenden „Eifer ums Heiligtum" in heftigen Nadelstichen.

Da saß nun still und in sich gekehrt der wilde, ausgelassene Sohn der alma mater. Was halfs ihn, daß er sich ärgerte über die antediluvianischen Philister rings, er gehörte jetzt zu ihnen, war ihrer einer — ›O jerum, jerum, jerum, o quae mutatio rerum!‹ Das war der Refrain, in den seine Betrachtungen heute alle ausklangen. Melancholisch und heimwehmütig schaute er in den perlenden Wein, den er in ungewohnt zierlichen Schlückchen trank.

Lach' ihn nicht aus, freundlicher Leser, ob dieser stillen, trübseligen Traurigkeit!

Bisher ist Christoph Maier, unser Kandidat, ein froher, übermütiger Studio gewesen. Er hatte studiert, hatte während der Studienzeit fleißig gearbeitet, aber auch die reiche, wundersame Romantik des Studentenlebens mit ganzem Herzen durchgemacht. Denn er war ein natürlicher, empfänglicher und frischer Mensch.

Die Sorglosigkeit, welche verklärend über der Studentenzeit schwebt, ist nun verschwunden. Das Leben mit seinen ernsten Aufgaben steht da. Nicht die Scheu vor der treuen Arbeit und Aufopferung für Andere ist es, was dem Jüngling vor dem Philistertum bange macht. Weiß doch jeder, daß die Blüte sich in goldne Frucht umsetzen muß. Vielmehr ist es die Angst, das Beste, das man in jener schönen Zeit des freien, ungebundenen Strebens sich errungen hat, zu verlieren im Kampfe und in der Auseinandersetzung mit den tonangebenden Mächten der Wirklichkeit, heißen sie Dogma oder Gesetz, Kirche oder Staat. Es ist das Vorgefühl schwerer Kämpfe, was den ernsteren Gemütern das Scheiden von der goldenen Burschenzeit so schwer macht — und wer will es ihnen verargen? Wir Alten wissen ja aus eigener Erfahrung, wie Einem das Leben die fröhlichen Feiertagskleider der sonnigen Jugend abreißt.

Es ist eine köstliche Sitte, daß der Abschied von der Musenstadt mit einer solennen Ausfahrt gefeiert wird. Noch einmal, nachdem die Schrecken des Examens überstanden sind, in welchen der grasse Ernst des Philistertums recht greifbar vor den Musensohn hintritt, werden alle Freuden des Burschenlebens durchgekostet. Noch einmal ertönen dem Scheidenden die Weisen, deren jede ihm ein Stück frisch sprudelnder Jugend einschließt. Noch einmal werden die Freundschaftsbande gekräftigt in dem tiefsinnigen „Landesvater.“ Dann, wenn es allmählich dunkelt, fahren die „Aktiven“ unter fröhlichem Peitschengeknall der Musenstadt wieder zu. Die zurückbleibenden Kandidaten setzen sich noch zusammen zu einer Flasche Wein. Man plaudert, lacht, scherzt und steigert sich gewaltsam in den alten Uebermut hinein.

So war's vorgestern gewesen. Die jungen Leute hatten beschlossen, noch eine Fahrt zusammen auszuführen. Köstlich war's gewesen. Der alte Mutwille war mit unverwüstlicher Kraft hervorgebrochen, denn der Galgenhumor ist der lustigste.

Allmählich aber war das Häuflein zusammengeschmolzen, denn einer um den andern bog seitwärts ab und zog seine Straße, seiner neuen Heimat zu. An jedem Scheideweg fast wird einer abgesetzt und die Kameraden singen ihm das bitter schöne Lied nach

„Bemooster Bursche zieh ich aus,
ade!
Behüt dich Gott, Philisterhaus,
ade!“

Christoph war einer der letzten gewesen und jedesmal, wenn wieder einer der Freunde in den steinigten Vicinal·weg einbiegen mußte, entwich von ihm ein Stück des Jugend·mutes. Zuletzt verhielt er nur mit Mühe die Thränen, es lag ihm etwas zentnerschwer auf dem Herzen, er wußte selber nicht klar, was es war.

Der heutige Morgen mit seinem trübseligen Wetter und seiner bleigrauen Färbung war nicht dazu angethan, die Heimweh·Stimmung zu verscheuchen; die dunkle Gaststube der Frau Posthalterin, so behaglich sie den Wanderer nach der ausgestandenen Nässe anmutete, verleitete zu melancho·lischem Sinnieren. Immer klangs ihm in Ohr und Herz:

O jerum, jerum, jerum,
O quae mutatio rerum.

Ein amerikanischer Temperenzler hätte eine Freude ge·habt an der Mäßigkeit des blühenden jungen Mannes, denn dieser nippte kaum vom Weine. Die steinalte Nähterin legte, so oft der stille Gast das Glas in die Hand nahm, die Arbeit in den Schooß, und schielte forschend nach dem Gotteswort hinüber, als wollte sie die Schlücke nach Größe und Cha·rakter kontrollieren; dann leuchtete es jedesmal in ihren Augen auf, wenn unser Kandidat so jungfräulich nippte. Ohne es zu wissen oder zu wollen, hatte er bei der „ent·schiedenen" Partei im Lande einen Stein im Brett gewonnen, trotz des „wälschen" Schnitts seiner Kleidung. Denn die Näterin beobachtete scharf und fein; in ihrem Haus wurde die Stunde gehalten.

Während des homerischen Gelächters, das auf Kosten des modernen Sokrates die rauchgeschwärzten Räume des Waldhorns erschütterte und das von dem Revierförster, so oft es nachlassen wollte, mit baucherschütterndem Hahaha wieder angefacht wurde, hatte unser armer Unterlehrer, kochend vor Grimm, verkannter Genialität und wirklicher Scham, hilfesuchend in der Wirtsstube umhergeschaut. Da fielen seine Blicke auf unseren stillen Gast, der die Philister mit unsäglicher Verachtung übersah. Jetzt fiel dem Provisor der eigentliche Zweck seines Hierherkommens ein. Er war nämlich von dem Pfarrherrn zu Unterbeerenbach in die Stadt geschickt worden, um den neuen Vikar abzuholen, beziehungsweise ihm den Weg ins Dorf zu zeigen.

Zwar fühlte sich der Provisor tief gebeugt durch die Wahrnehmung, daß der junge Herr dort Zeuge seiner Niederlage gewesen sei. Aber auf der andern Seite kam ihm die Möglichkeit einer gelungenen Diversion eben geschickt, und mit dem Stolze einer gekränkten und verkannten schönen Seele stieg er auf den Herrn Vikar zu und stellte sich ihm, da er schon um der seltenen Erscheinung moderner Kleidung willen nicht im geringsten an der Identität dieses Herrn mit dem erwarteten Vikar zweifelte, als den „gehorsamst unterzeichneten Unterlehrer Jakob Schmelzle von Unterbeerenbach" vor. Er hatte zwar eine fein ausgearbeitete Rede im Kopf, welche darauf berechnet war, ihm das Wohlwollen seines neuen Peinigers zu gewinnen. Aber er fürchtete den boshaften Revierförster zu sehr, um sich jetzt plötzlich als den unterthänigsten und gehorsamst ergebenen Jünger der evangelischen Kirche vor den Ohren seines Freundes aufzuthun. Am boshaftesten sah der Heiligenpfleger darein, der dem Provisor auch diese neue Verlegenheit von Herzen gönnte. Unser Kandidat nahm jedoch von demselben wenig Notiz, nachdem er ihn kurz und höflich begrüßt hatte. Zu sehr war er mit seinen Gedanken beschäftigt.

Der Volksbildner war etwas verblüfft; er fühlte sich erkannt und verlegen. Er wagte es nicht, den Kandidaten an das Fortgehen zu erinnern, und so saßen sie, nachdem die Gäste alle zugleich mit dem Schlag zwölf Uhr aufgestanden waren, die Hüte ergriffen und mit dem Wunsch „gesegnete Mahlzeit“ die Stube verlassen hatten, schweigend einander gegenüber. Der Provisor machte sich endlich mit seiner Unterhaltungsgabe und seinem Rededrang an die Frau Waldhornwirtin, die nach dem Mittagessen die Kunkel geholt hatte und nun eifrig spann.

Als der Vikar zu Mittag gegessen, als er Kaffee getrunken hatte und immer noch keine Anstalt zum Zahlen, geschweige denn zum Gehen machte, faßte sich endlich der Provisor noch einmal ein Herz und sagte:

„Entschuldigen der Herr Vikar gütigst — aber es ist schon drei Uhr und wir haben einen bösen Weg, der sehr aufhält“ —

„Ich fahre mit der Post, die fahrplanmäßig um 5 Uhr abgeht!“ antwortete derselbe kurz.

Aber bei dem Worte „Post“ erhob sich aus dem Großvaterstuhl hinter dem Ofen eine Gestalt, die uns bis jetzt noch nicht vorgestellt ist, der Herr Posthalter und Waldhornwirt selbst. Wir haben ihn dem Lesen noch nicht vorgeführt, weil er im Hause keine Rolle spielte, sofern er neben der Waldhornwirtin nicht aufkommen konnte und sie ihn auf das Waldhorn geheiratet hatte. Er fand seine Freude in gleichmütigem Schöppeln und behaglichem Schmauchen aus seiner kurzen Pfeife. Vollends bei schlechtem Wetter gab er sich einer Art von Winterschlaf mit offenen Augen hin, aus welchem ihn nur die Erinnerung an seine Posthalterpflichten wecken konnte.

Er erhub sich also bei der Erklärung des Vikars, daß er mit der Post fahren werde, und brummte, heut' sei ein Wetter, daß man keinen Hund hinaus jage, mit der Post sei's bei so einem Wetter nichts; und vollends dort hinein in die Türkei (so nennt man die Gegend um Unterbeerenbach) gebe er seine Pferde nicht her. Nach dieser Auskunft sank der würdige Chef des Hauses in seinen Lehnsessel und in die süße Lethargie seines Herrscheramts zurück.

Der Provisor erklärte nun dem Vikar, daß allerdings mit einem Wagen heute nicht durchzukommen sei, da die Straße noch nicht korrigiert sei; denn die Nachbargemeinden streiten sich darüber, wer die Straße machen lassen müsse.

Mit einem stillen Fluch auf die haarigen Philister, der sich als Seufzer Luft machte, und mit einem schmerzlichen Blick auf Höslein und Stiefeletten stand der Vikar auf und zahlte die Zeche.

„Das Gepäck muß man eben dann einstweilen hier lassen", sagte freundlich die Frau Waldhornwirtin, „bis das Wetter anders wird. Dann gibt man's der Botin mit, die fährt's auf dem Schubkarren hinaus."

„Ja, es geht primikär zu bei uns," meinte seufzend der Unterlehrer, „der Herr Vikar werden einen dankbaren Schauplatz für Ihre Aufklärung und geistige Beleuchtung finden."

So ging's in Gottes Namen wieder in die Nässe hinaus. Als sie auf der sogenannten Poststraße eine Zeit lang marschiert waren, sah auch der Vikar ein, daß es berechtigt war, heute die Post einzustellen. Denn hier zu fahren, war lebensgefährlich.

Christoph sprach wenig; er hörte nur mit halbem Ohr auf die Reden seines Begleiters, der ihn mit den Verhältnissen der Pfarrei bekannt zu machen suchte und insbesondere durchblicken ließ, daß er ebensowohl mit seinem Schulmeister, als mit dem Herrn Pfarrer, die eben gar veralteten Anschauungen zugethan seien, auf bereits bis allbereits sehr gespanntem Fuße stehe, und die stille Hoffnung hege, schon hiedurch das Vertrauen des Vikars zu gewinnen.

Der Marsch durch Nässe und Kälte, zumal bei Nacht, bringt in einem umflorten Gemüte eine wohlthätige Reaktion hervor.

So war es auch bei Christoph. Das Ankämpfen gegen den Wind, das Mühselige des Marsches auf einem mit Steinen und Pfützen besonders gesegneten Weg, das Trotzen gegen den durchdringenden Regen that ihm in gewissem Sinn wohl.

Denn die widrigen Elemente wecken in uns die Lebens-
geister auf.

Es war schon Nacht, als sie in das Dorf gelangten.
Aus den Fenstern der Häuser fiel Licht auf die Straße. Von
der Straße aus konnte man in die Zimmer hineinsehen. Es
waren meist alte, patriarchalisch gemütliche Stuben; die Frauen
spannen, und behaglich plaudernd saßen die Männer herum.
Wie Christoph durch die stillen Dorfgassen wanderte, da hatte
das böse Wetter so gut auf ihn gewirkt, daß ihn der Lichtschein heimatlich berührte und er das Gefühl hatte, als komme
er heim.

Vor dem Pfarrhaus verließ ihn der Provisor. Der
Pfarrer begrüßte ihn mit einfachen, herzlichen Worten und
führte ihn sogleich auf sein Zimmer. „Sie werden das Bedürfnis haben, auszuruhen und allein zu sein" — mit diesen
Worten verließ er ihn.

Das Zimmer war behaglich erwärmt, die Einrichtung
war bescheiden und einfach, aber unser Freund merkte an
tausend Kleinigkeiten, daß ein feiner Sinn in der einfachen
Einrichtung sich offenbarte und eine Stätte der Gemütlichkeit
daraus bereitet habe. Das berührte ihn unendlich wohlthuend.

Nach einiger Zeit kam der Pfarrer und holte ihn zum
Abendessen in die Familienstube.

Die Pfarrerin, eine schlichte Frau nach schwäbischem Typus,
empfing ihn mit herzlichem Handschlag.

„Mög's Jhnen bei uns gefallen, lieber Herr! Gott segne
Jhren Eintritt!"

Dann fragte sie mit mütterlicher Sorgfalt nach seinen Bedürfnissen und Wünschen, fragte ihn, ob er doch ja auch die Socken gleich gewechselt habe — ob er nicht einen Schlafrock besitze, er solle ihn doch gleich anlegen.

Unser Freund dankte lächelnd und begrüßte die blühende Kinderschaar, eins um's andere, den langen Julius, der, die Hände in den Taschen, die neue Erscheinung musterte; den dicken Karl, der den Zeigfinger der rechten Hand in den Mund steckte, als er dem Herrn Vikar die Linke darbot; die verschämte Maria, welche schon der Konfirmation entgegenging, die reizende Elisabeth, die mit ihren großen Augen scheu auf den Ankömmling blickte, und das Kleine, das sich ängstlich in die Falten des Kleides seiner Mutter versteckte.

Bald waren die Kinder gut Freund mit dem jungen Mann, der es verstand, durch allerlei Späße und freundliche Rede ihnen schnell alle Scheu zu benehmen.

Das spürte er: es war eine Stätte des Friedens, dieses Haus! Hier herrschte jene herzliche, ruhige Treue, welche jeden liebend umgiebt und dem Leben im Haus von vornherein eine wohlthuende Wärme, den Geist ächter Gemütlichkeit verleiht und dem einkehrenden Gast sofort das Gefühl sicherer Geborgenheit mitteilt.

Christoph fühlte das gleich am ersten Abend; und die Kinder sagten beim Zubettgehen der Mutter in's Ohr: „so schön sei das Nachtessen nie gewesen, wie heut!"

Als er den beiden Gatten gute Nacht gewünscht hatte und redlich versprach, der Aufforderung der Frau Pfarrerin, etwas Schönes zu träumen, weil das wahr werde. was man in der erſten Nacht in einem fremden Hauſe träume, nach Kräften nachzukommen, da legte er ſich mit dankbarem, zufriedenem Herzen zur Ruhe. Denn er war zum erſten Male in der Fremde, aber am erſten Abend ſchon in der Fremde — daheim. —

2.

Wer liebend ſich ans Nächſte hält
Und will nur das gewinnen,
Umfaßt darin die ganze Welt,
Und Gott iſt mitten drinnen.

Goethe.

Der nächſte Morgen führte ein prächtiges Wetter herauf. Als unſer Freund ſein Fenſter öffnete, drang ihm jener würzige, kräftige, thaufriſche Tannenduft entgegen, den nur der Schwarzwald kennt.

Die Ausſicht vom Fenſter war unvergleichlich ſchön. Das Pfarrdorf lag auf dem Berge; vom Pfarrhauſe aus ſah man noch über das Dorf hinweg das formenreiche Thal entlang. Ueber die dunkeln Tannenwälder herüber winkten, in lichtblauen Aether getaucht, die Berge der ſchwäbiſchen Alb.

Es iſt unmöglich, einer ſo herrlichen Natur gegenüberzuſtehen, zumal wenn ſie nach dem Regen wie friſchgebadet

im Sonnenglanz leuchtet, und nicht im Innersten sich ergriffen und gehoben zu fühlen. Auch Christoph sog mit
vollen Zügen die frische, würzige Morgenluft ein und fühlte
sich freudig gehoben und gestärkt.

Wie er so in den leuchtenden Morgen hineinsinnierte,
rief ihm aus dem Garten, der sich unmittelbar unter dem
Fenster des Vikars befand, eine freundliche Stimme einen
„Guten Morgen!" herauf. Es war der würdige Hausherr,
der schon am frühen Morgen unter seinen Lieblingen, den
Blumen und Küchengewächsen, wandelte, um sorglich nach-
zusehen, ob das böse Wetter von gestern nicht geschadet habe.
Der Pfarrer war von kleiner Statur, aber er befliß sich einer
aufrechten, fast kerzengeraden Haltung. So wandelte er, mit
einem grünen Gartenschurz angethan, zwischen den Beeten,
mit derselben Gravität, wie er in der Kinderlehre zwischen
den Reihen seiner Kinder auf und ab ging. Mit hellem
Eifer schäffelte er an den Blumenstöcken herum. Als er
einen Augenblick aufschaute, hatte er unsern Freund bemerkt
und schien sehr erfreut, denselben schon wach und angekleidet
zu sehen.

„Halten's scheint's mit uns, sind mit der lieben Sonne
aus den Federn! Ja was, die Herren Städter wissen gar
nicht, was es um einen schönen sonnigen Morgen ist! Nicht
wahr, Herr?"

Der Pfarrer trat, die Arbeit aussetzend, unter's Fenster
und beschrieb dem Vikar die Gegend. Aus der Art, wie er
es that, leuchtete eine tiefe, innige Sympathie mit dem Na-

turleben hervor. Er fragte dann den Vikar, ob er auch Freude am Gartengeschäft habe. Als dieser es lächelnd bejahte, zugleich aber eingestand, daß er die Blumen und Gewächse schlechterdings nicht von einander zu unterscheiden wisse, meinte der Pfarrer mit dringendem Ernste:

„Müssen's lernen, Herr! O, ich sage Jhnen, es ist etwas Heiliges um die Gärtnerarbeit — Sie lächeln? Wenn ich dem Keimen und Aufblühen, dem Reifen und Vergehen der zarten Pflanze mit der liebevollen Aufmerksamkeit eines Vaters zusehe, wenn ich jeden Tag die Welt von Uebeln und Gefahren, welche das schlichte Pflanzenleben umdrohen, fernzuhalten bemüht bin — meinen sie, da seh' ich nicht auch unserem Herrgott in's Auge? O, ich habe für die Seelsorge viel gelernt durch meine Blumen."

Der Herr Vikar wußte nicht recht, was er darauf sagen sollte. Es schien ihm etwas daran zu sein. Das jedenfalls empfand er auf's Wohlthuendste, wie prächtig das pfostige, gerade Männchen vor ihm mit seinem herzlich gesunden Wesen in den frischen Morgen herein paßte.

Bald gesellte sich die hausmütterliche Frau Pfarrerin, das Kleinste an der Hand führend, zu ihrem Gottfried, um ihn zum Frühstück zu rufen.

Aber ehe der Eheherr ihrem Wunsche Folge leistete, mußte die brave Ehehälfte mit aller Genauigkeit die großen und kleinen Veränderungen in Augenschein nehmen, welche während des gestrigen Regenwetters im Garten eingetreten waren.

Mittlerweile kamen die Kinder in den Garten gesprungen, und ihre Anwesenheit brachte den guten Herrn in große Not. Die kleine Schaar verstand die Gefühle nicht, welche der Vater dem Spargelbeet gegenüber im Herzen hegte. Denn das war sein Gartenheiligtum und Kleinod. Wenn eines nur Miene machte, sich demselben in drohender Weise zu nahen ohne die dem Gegenstand gebührende Vorsicht und Achtung, so konnte der gute Herr ernstlich böse werden, wenn man seine deutlichen Winke nicht sogleich verstand oder beachtete. Dafür prangten seine Pfarrspargeln alljährlich am königlichen Geburtsfeste auf der Beamtentafel im nahen Städtchen. Der Oberamtmann versäumte bei dieser Gelegenheit nie, der Gärtnerkunst unseres guten Pfarrherrn rühmend zu erwähnen, und dieser war stolz darauf.

Freilich nicht jedermann wußte das treffliche Gewächs zu würdigen. Der Pfarrer hatte einmal aus Anstandsrücksichten den Schultheiß und den Heiligenpfleger des Orts zum Essen eingeladen. Er glaubte, auch darin die kulturbringende Mission des geistlichen Amts erfüllen zu sollen, daß er die biederen Männer des Volkes mit diesem ihnen noch neuen Gerichte bekannt machte.

Aber ein jähes Entsetzen erfaßte ihn, als er mit ansehen mußte, wie erst der Schultheiß und dann nach dessen Vorgang der Heiligenpfleger sorgfältig die Spargelköpfe abschabte und die lockend weißen Stengel unter sichtlicher Ueberwindung verschluckte.

Beide Gäste hatten sich, wie dem Pfarrer gemeldet

worden, nachher im Wirtshaus geäußert, daß sie kein Mensch mehr zu einem Herrenessen bringen könne! Stroh, altes zähes Stroh hätten sie fressen müssen! Der Pfarrer habe erst noch bloß die Butzen gefressen und den Speck liegen lassen!"

Mit zärtlicher Fürsorge hütete der Pfarrherr seine gekränkten und verkannten Lieblinge, und die oberamtliche Anerkennung hob ihn über die Niederlage hinaus, welche er unter den Hinterwäldlern erlitten hatte.

Christoph hatte sich, als die Pfarrerin in den Garten gekommen war, still vom Fenster zurückgezogen. Der Pfarrer rief ihn zum Frühstück, indem er eine Kuhschelle läutete, welche unter dem Fenster des Vikariatsstübleins angebracht war, eine sinnreiche Erfindung, auf welche der Pfarrherr gleichfalls ein berechtigtes Stölzlein hatte.

Christoph gieng in den Garten hinunter und wurde mit freundlichem „Guten Morgen" begrüßt, während sich die Kinder an ihn hiengen. Denn die hatte er schon so gewonnen, daß sie mit dem Gedanken an ihn aufgewacht waren.

Der Kaffee war etwas anders, als unser junger Freund bisher zu trinken gewohnt war. Auch auf diesem Gebiete hatte der Pfarrer in seinem Kulturkampf eine schwere Niederlage erlitten. Er war von den Studentenzeiten her energisch für Bohnenkaffee; die Frau aber, die ganz im Pfarrhaus aufgezogen war, verband mit dem Begriff des Kaffees die Vorstellung von Cichorie. Das, was Gottfried für einen guten Kaffee erklärte, kam ihr als abscheuliches wässeriges, dünnes Gebräu vor. Die Magd hatte jedesmal, wenn man dem Herrn zu lieb nur Bohnen genommen hatte, erklärt: „Und dös ischt ebe koin Kaffe! Lieber koine Bohne, als koin Cichore!" Was war zu machen? Der Pfarrer mußte gestatten, ein „ganz klein wenig Cichorie, nur zur beffern Farbe", hinzuzunehmen, und so war die Grundlage für die weitere Entwicklung gegeben. Mit jedem neuen Kinde, welches die Pfarrerin ihrem Eheherrn schenkte, wurde das Morgengetränk dicker und schwärzer.

Mit Behagen und launigem Scherzen über feine wackere „Zehentpfarrerin" erzählte der Pfarrer das Schickfal des Bohnenkaffee's dem Vikar. Die gute Frau, welche in dieser Sache keinen Spaß verstand, errötete verlegen und verfocht ihre Meinung, bis der Vikar versicherte, daß es ihm trefflich schmecke! Insbesondere die Milch und die frische Butter feien ja herrlich!

„Ja, ja die Milch freilich" — murrte luftig der Pfarrer.

Nach dem Frühstück forderte der Pfarrer den Vikar auf, ihn in die Schule zu begleiten. Er wolle ihn in's Amt einleiten.

Sie giengen zusammen in die Schule. „Die will ich Ihnen ganz überlassen, da mich das laute Reden zu sehr anstrengt und ich mein bischen Kraft lieber für die Seelsorge sparen will," meinte der Pfarrer.

Sie redeten dann über den Religionsunterricht, und der Vikar war gewärtig, eine Ermahnung und Anleitung zur vorschriftmäßigen Behandlung des Lehrstoffs entgegenzunehmen. Aber auf so etwas ließ sich unser Pfarrer nicht ein. „Ich selber," sagte er nur, „habe bisher biblische Geschichte genommen, ich habe dabei immer das ausgewählt, was mich selber immer am tiefsten ergreift: die Geschichten, die den Zauber der Natürlichkeit tragen und einem den Eindruck machen, als wären sie heute noch möglich. Mir geht eben den Kindern gegenüber die Dogmatik aus — ich kann nichts dafür! Uebrigens meinen Sie nicht, daß ich Ihnen vorschreiben wolle! Ihr Herz und die Erfahrung wird's Ihnen bald sagen, wie Sie's mit den blauäugigen Naturkindern anfangen müssen!"

Der Pfarrer führte Christoph in die Schule ein und verließ dann, damit Christoph durch seine Anwesenheit nicht beengt sei, sogleich die Schulstube. Der Schulmeister war ein Mann vom ächten Schlage: bescheiden, aber grundtüchtig. Voll natürlicher Würde, liebreichen Wesens gegen die Kleinen und Schwachen, stand er, eine hohe Gestalt in schneeweißem Haar, wie ein Vater inmitten der Kinderschaar. Man sah, daß diese an ihm hingen und ihn liebten. Christoph begriff, daß der Herr Unterlehrer Schmelzle zu diesem Manne nicht so recht paßte.

Für diesmal konnte Christoph die Brücke zum Verständnis der Kinder nicht gewinnen: sein freundliches Wesen hatte ihm jedoch die Herzen derselben gewonnen und das war vorderhand genug.

Nach der Schule ging's an die Bücher und der Vormittag flog unter den mancherlei Geschäften, welche eine ausgedehnte Pfarrei, ganz abgesehen von den Aufgaben der Seelsorge, mit sich bringt, rasch vorbei.

Dann ertönte wieder die Kuhschelle unter dem Vikariatsfenster. Der Tisch war gedeckt. Es ergriff unseren Christoph seltsam, wie der ehrwürdige Alte das Sammtkäppchen abnahm, und das Kleine zu Tisch betete. Das Gefühl für das süße Glück, den süßen Frieden, wovon dieser Kreis beherrscht war, überkam ihn, wie gestern Abend.

Der schwerste Amtsgang kam gegen Abend. Er sollte eine kranke Frau besuchen. Der Pfarrer bestand darauf, daß er es am ersten Tage thun müsse. „Da gelingt's Ihnen am besten, nur frisch angefangen!“ Es war nichts zu machen; Christoph mußte sich zu dem sauren Gang entschließen.

Mit großer Beklemmung klopfte er bei der Frau an und trat ein. Auf dem ganzen Wege zu ihr hatte er sich besonnen, was er, der unerfahrene, junge Mensch, am Krankenbett sagen könne; denn daß er da sein Eigenstes bieten müsse, spürte er wohl. Aber was hatte er denn Eigenes?

Er fand die Kranke allein; die übrigen Hausbewohner waren draußen bei der Arbeit. Es war stille im Krankenzimmer, die Abendsonne warf ihre Strahlen auf das Bett. Die Kranke, als ob sie ahnte, wie beklommen der junge Mann an ihr Bett trete, bat ihn ohne viel Umstände, ihr etwas vorzulesen. Er schlug den 42. Psalm auf, und als er las: „Wie der Hirsch schreit nach der Wasserquelle, so schreit meine Seele, Gott nach dir“ — da ging ihm selber das

Herz auf, und er legte all' sein Sehnen und Wünschen in die Worte des Psalms hinein, wenn er auch in anderem Sinne nach der Berührung mit Gott verlangte, als das kranke Weib vor ihm, die mit gefalteten Händen dalag und die Worte des herrlichen Psalms leise mitlispelte.

An den Psalm knüpfte sich dann von selbst ein Gespräch. Die kranke Frau verriet eine reiche Erfahrung und ein feines Herzensverständnis, so daß der Vikar sich innerlich beschämt fühlte. Wohl verstand er, trotz seiner Wissenschaft, die Begriffswelt nicht ganz, in welcher die Frau sich bewegte. Ihm waren ja das lauter Begriffe und Bilder, was der Frau feste Wirklichkeiten waren; aber er merkte, daß sie mit sicherem Blick und jenem bei frommen Bauersleuten nicht seltenen Herzenstakt ihm dem Studierten die ewigen Stützen zeigte, an ihr selber, auf denen das buntbewegte Leben ruht. Er fühlte sich gedemütigt und gehoben zugleich, als er wieder in's Freie trat. Er hatte einen tiefen Blick in die gesunde, ewig wahre Natur gethan. Denn was ist ein Naturkind anderes, als ein Stück des großen Naturlebens, einfach in seiner Erhabenheit und erhaben in seiner Einfachheit! Davor verschwindet der Glanz der wissenschaftlichen Künstelei und der mühsamen Berechnung, wie der Schimmer des Kronleuchters, wenn das frohe Tageslicht durch die Fenster fällt.

Ueber dem Dorf lag der Abendfriede. Süß dufteten die Tannen und die würzigen Wiesen. In Christoph klangen die Worte nach: „Wie der Hirsch schreit nach der frischen Wasserquelle, so schreit meine Seele, Gott, nach dir! Er

empfand ein Dürsten nach lebendigem Wasser — — es überkam ihn das Verlangen nach einem felsenfesten Glauben-
dürfen und nach dem Kinderfrieden, der allezeit trotz Streit,
Not und Elend sich geborgen weiß in dem frohen Gefühl:
„Unser Vater in dem Himmel."

Daheim umfing ihn der Friede des Hauses. Als er
der Pfarrfamilie gute Nacht gewünscht hatte und auf sein
Zimmer gegangen war, blieb er noch lange wach und bewegte die Eindrücke des vergangenen Tages in seinem
Herzen. Silberhell klangen die Töne der Abendglocke und
zitterten über die stillen ernsten Tannenwälder hin.

Christoph faltete unwillkürlich die Hände und betete! —
zum ersten Male seit langer, langer Zeit! Warum — was
er betete, wußte er selber nicht.

Und es träumte ihm in jener Nacht, als träte seine
verstorbene Mutter an sein Lager und legte ihm segnend
die liebe, weiche Hand auf's Haupt.

3.

„Das Menschenherz ist ein trotzig und verzagt Ding
wer will es ergründen?"

Auf den schönen Tag im Amte, der für unseren Freund
so harmonisch und friedevoll abgeschlossen hatte, kamen bald
böse Tage voller Kampf. Denn das Ringen um Ueber-

zeugung und Mannesmut ist keinem Menschengemüt erspart, das es mit dem Leben ernst nimmt.

Freilich gibt es viele Menschen, auf welche das bunte Leben mit allen den vielen, nach Lösung verlangenden Fragen, keinen tieferen Eindruck macht. Apathisch lassen sie das alles an sich vorüberziehen, als berührte es sie nicht; in ihrem Wirken gleichen sie Maschinen, welche ihre Verrichtung thun ohne eigenen Willen, wo man sie eben hinstellt.

Leider giebt es gerade in dem Kreise, welchem Christoph durch die Wahl seines Berufes nunmehr angehörte, solcher seelenloser und willenloser Maschinen nur allzuviele. Sie sind es, welche die Kirchen allenthalben entvölkern und die herzliche Frömmigkeit, welcher es noch ein rechter Ernst ist, in die dumpfe Stubenluft des Konventikeltum's drängen. Sie sind daran schuld, daß gerade die hungernden und dürstenden Seelen, welchen vermöge ihrer seelischen Disposition oder infolge ihres gebildeten Geschmackes die Art von Frömmig- keit, welche als entschiedene und provocierende auftritt, zu sehr widerstrebt und die Stubenluft der Konventikel wieder- um zu schwül und dumpf ist, die Herzenserhebung und Her- zensreinigung, welche ihnen von rechtswegen die Religion bieten sollte, ganz anderswo suchen, etwa in der Kunst oder in der Dichtung, wo sie mühsam die einzelnen Strahlen des Lichtes sammeln müssen, das hell und belebend die Kirchen erfüllte, hätten es nicht jene seelenlosen Mietlinge vom Leuchter gestoßen.

Zu den letzteren gehörte unser Freund nicht. Er wurde

vielmehr von allen Eindrücken sogleich im Mittelpunkt seines Wesens berührt; ihn ließ nichts kalt, er war immer mit dem ganzen Menschen beteiligt.

Es ist dies in gewisser Hinsicht ein unglückliches Naturell; denn es erschwert das Leben, es gebietet in jedem einzelnen Falle Klarheit und Auseinandersetzung mit den verschiedenen Eindrücken. Letztere aber bringt notwendig innere Kämpfe mit sich. So war es bei unserem Christoph. War durch irgend einen Eindruck von außen oder innen ein Mißklang in seinem inneren Leben entstanden, die Harmonie desselben gestört, so ließ es ihm keine Ruhe, bis der Mißton in Harmonie aufgelöst war, bis er zu dem neuen Eindruck eine klare Stellung gewonnen hatte.

Für solche Naturen ist jedes Problem, gleichviel, ob es von dem Leben oder von der Wissenschaft gestellt wird, ein Gewissensfall. Jedes wirft den Geist wieder in den vollen Kampf zurück, bis alle durchgekämpft und in das innere Leben harmonisch eingeordnet sind. Aeußerlich machen solche Naturen den Eindruck einer gewissen Unselbständigkeit, weil sie allen Eindrücken Einfluß auf sich verstatten und zeitweise hin und her schwanken, bis sie den Schwerpunkt wieder gefunden haben. Aber in Wirklichkeit sind es die allerselbständigsten Naturen; sie müssen sich mit allen Widersprüchen persönlich auseinandersetzen; ihre Individualität kann nicht anders zur Ruhe kommen eben weil es eine starke Individualität ist. Kampf aber ist Leben. Daher bilden diese Naturen den geraden Gegensatz zum „Philister", und bleiben jung, auch wenn das Haar schneeweiß geworden ist.

Christoph war von Haus aus eine religiöse Natur; aber durch die Wissenschaft waren seine Anschauungen weiter und weiter geworden. Des Zwiespaltes zwischen dem, was er als wohlerworbenes und sicheres Besitztum in sich trug, und dem, was er als sein eigenes von Kirchenwegen anderen bieten sollte, wurde er sich erst im Amte gegenüber den konkreten Forderungen, welche dasselbe an ihn stellte, recht bewußt. Jetzt empfand er das Verlangen nach Klarheit und nach einer festen Grundlage dringender, als je. Er fühlte sich daher zeitweise von der Zuversichtlichkeit und warmen Herzlichkeit des Pietismus angezogen; aber sobald er näher zusah, fremdete ihn der herbe Geist der Ausschließlichkeit, dem es an duldender Milde und freundlicher Weitherzigkeit gebrach, an. Er spürte sich den Vertretern des Pietismus gegenüber doch als „draußenstehenden", und die „Brüder" witterten in ihm den „Ketzer" und „Ungläubigen." Solche Erfahrungen verstärkten in ihm dann wieder den Zug zur freiheitlichen Bewegung, deren Enthusiasmus für Liebe, Wahrheit, Licht ihn hinriß. Sah er hier näher zu, so dünkte ihm vieles bloße Redensart, und das Gebahren der Liberalen ließ ihn bald in der Bewegung zwar eine berechtigte Seitenbildung, aber nicht mehr eine wahrhafte Neubildung und Fortbildung der mütterlichen Christuskirche erblicken. Sich künstlich für eine Sache zu begeistern war seinem natürlichen und aufrichtigen Sinne zuwider. Daher kam es, daß er den

H. A. Köstlin, Kandidatenfahrten. 2. Aufl.

Umgang mit den Kollegen nicht sehr häufig suchte. Er brachte von den amtlichen und außeramtlichen Zusammenkünften derselben meist nur eine innerliche Verstimmung mit nach Hause. Er fühlte sich unter ihnen fremd und fand keinen im Kreise, dem er seine innere Not hätte vertrauen mögen. Mit dem, wornach er hungerte und dürstete, konnte er bei keinem recht ankommen.

So war unser Freund ganz auf sich selbst und auf die Bibel angewiesen, zu welcher er sich immer mehr hingezogen fühlte. Gleichwohl konnte er es nicht hindern, daß alle jene quälenden Fragen immer wieder vor ihm auftauchten, deren ein Geistlicher, für welchen ja Beruf und Mensch zusammenfällt, sich nicht entschlagen kann: „Kannst du das sagen mit voller Wahrhaftigkeit?"

Wenn dann innerlich Demütigung auf Demütigung folgt, o da möchte man am liebsten die ganze böse Last hinter sich werfen, den alten Karren stehen lassen, und in die weite, weite Welt hineinrennen, wo es noch Menschen gibt, ach so glückliche Menschen, die sorglos und fröhlich mit dem Strome schwimmen, die mit dem lieben Herrgott, seit sie sich's denken können, stets auf du und du stehen, oder nach ihm überhaupt nichts fragen — die jedenfalls so thöricht nicht sind, wie du, armer Kandidat, daß sie meinen, sie müssen sich mit dem Heiligtum des Menschenherzens so tief und ernstlich einlassen!

Es kamen freilich auch Zeiten, in welchen unser Freund sich glücklich, ja überaus beseligt fühlte, wo er mit frischer Begeisterung von dem zeugte, in dessen Bannkreis er innerlich doch schon gefesselt war. Insbesondere war es die gesunde, grundgute und grundehrliche Persönlichkeit des Pfarrers, eines rechten Israeliten, in dem kein Falsch war, an welcher sich der junge Geist stärkte und freudig aufrichtete, wenn er darniederlag.

Ueberhaupt bot das Leben in dem schönen Familienkreise des Pfarrhauses ein gutes Gegengewicht gegen die inneren Kämpfe, welche unser Freund, wohl oder übel, durchfechten mußte. Daß er nicht durchging vor der Zeit, den Karren nicht stehen lassen konnte, wenn er's auch wollte, dafür sorgte der, welcher uns alle gleichsam im Zügel hält. Dann und wann zieht er die Zügel an, damit wir immer wieder merken, er ist auch noch da, wir sind nicht für uns allein in der Welt!

Christoph führte, seit er „Philister" war, ein Tagebuch. Wir lassen einiges daraus folgen, mischen aber auch Briefe ein, die er an seinen Freund in C. schrieb. Manchen wird es sentimental erscheinen — vielleicht gibt's aber auch Leidensgenossen, ihnen zu lieb dürfen wir diese Ergießungen nicht unterdrücken. Wem dabei langweilig wird, der überschlage sie eben oder lege lieber das Buch ganz weg!

* * *

— 21. Okt. 18—

Lieber Freund!

Da sitz' ich am tannenen Schreibtisch und zernage meine

Feder, um herauszukriegen, was ich Dir wohl schreiben soll. Was mich hier in meiner beschaulichen Einsamkeit bewegt und umtreibt, das taugt nicht in euer sprudelndes, heiteres Leben am schönen Neckar — und was euch nahe läge, das will jetzt zu mir nicht mehr stimmen! Ich bin schon ein rechter und ächter Philister geworden — und doch hab' ich Heimweh nach der alten, goldenen Zeit — ich meine, sie winke mir über die Tannenwälder herüber von den fernen blauen Bergen her, aber es ist aus und vorbei! Wenn ich nur wenigstens ein Dichter wäre, dem die Phantasie an so mancher scharfen Klippe vorbeihilft! Was würde ich da alles schreiben! denn die Natur ist herrlich hier! Aber das ist das Kreuz, daß ich nichts in mir trage, als ein paar abgenützte, abgetragene homiletische Wendungen, einen gewaltig filtrierten Humor und, was mir das Rätselhafteste ist, eine große Unlust zur Arbeit! Stünde nicht der kategorische Imperativ, dieser biedere Schulmeister, hinter mir und dräuete mit dem Backel, ich hätte es wahrhaftig gemacht, wie mein wackerer Vorgänger hier. Der studierte gar eifrig seine erste Predigt, verließ mit dem Zusammenläuten das Pfarrhaus, nahm aber in seiner Herzensangst den Weg durch den Garten und zum Dorf hinaus und ward nicht wieder gesehen. Die werte Gemeinde sang das Lied andächtig bis zum letzten Vers durch; dann erst, als immer noch kein Vikar auf der Kanzel auftauchte, merkte sie, wie viel es geschlagen hatte. Mein guter Pfarrer, ein wahrer Prachtsmensch, den Du kennen lernen mußt — ihr besuchet mich doch an Pfingsten, wenn ihr in den Schwarzwald spritzet? — mußte nun auf die Kanzel und improvisieren. Er kann's sag' ich Dir, und was er sagt, das sitzt! Schade, daß er ein Brustleiden hat.

Ich sage dir, es ist sauer, allsonntäglich nur aus Folgsamkeit gegen den kategorischen Imperativ die Kanzel zu besteigen und doch so arm, so arm zu sein an Stoff! Man predige die „reine Lehre," sagen sie im Pfarrkränzchen; der Prediger soll und dürfe nur der demütige Dolmetscher der längst fertigen Lehre sein, diese dem Volke rhetorisch vermitteln! Nein das wollen doch die Leute nicht von uns; mir persönlich ist es nun einmal unmöglich, anderes, als das, was mein persönliches Eigentum ist, zu predigen. Du hast mir immer sittliche Hypochondrie vorgeworfen — item, ich kann nicht anders. Meine Dogmatik — die geht nah zusammen; meine Ethik — die ist bald abgepredigt. Ich habe nun angefangen, still und ohne innere Widerrede zu den Füßen Jesu zu sitzen, d. i. mein Evangelium immer und immer wieder umzutreiben. Gelingt mir's, den Meister selber lebendig in die Kirche hereinzuzaubern oder die Gemeinde hinauszuführen ans galiläische Meer zu ihm, dann habe ich einige Befriedigung — aber wie selten gelingt mir das! Am liebsten sind mir diejenigen Thätigkeiten, vor welchen ich am meisten Angst gehabt habe, wie Krankenbesuche. Tret' ich an ein Krankenbett, an ein Sterbebett, und seh' ich in das bleiche Gesicht, das hilfesuchend auf meinen Mund gerichtet ist, da hat mir's noch nie gefehlt, denn da fühl' ich mich selber ganz überschattet von dem süßen, herrlichen Glauben, den meine Mutter mich gelehrt hat, und von dem mir nichts geblieben ist, als die — Idee. Tret' ich aber wieder heraus aus dem heiligen Umkreis des Elends, da ist mir gleich wieder, als wäre das, was mich eben beseelte, nicht der Glaube selbst, sondern nur eine Vorspiegelung, hervorgebracht durch das lebhafte Gefühl, vermöge dessen ich mich leicht, fast unwillkürlich und unbewußt in den Gefühls- und Anschauungskreis anderer versetzen kann; es bleibt mir nichts als das Heimweh nach dem Glauben. Dann kann mich ein bitterer Ingrimm fassen, daß ich denke: Thor, der du bist! warum willst du dich mit aller Gewalt in Gefühls- und Anschauungskreise bannen, die einer längst verklungenen Welt angehören! Das moderne, mit Bildung verquickte Christentum ist nur die Abendröte — die Sonne ist längst untergegangen! Aber dann fehlt mir vollends alles Licht!

Gelt, Alter, erst vier Wochen von der alma mater weg und solche Reden! O jerum, jerum, jerum, o quae mutatio rerum! Mein alter Sebastian Bach mit seinen wundersam mystischen Harmonien ist jetzt mein bester Freund und Tröster! In dem ist eherne Kraft und Sicherheit, die teilt sich dem mit, welcher sich in seine Töne vertieft. Mein altes Klavierchen, das ich mit hierhergenommen habe, ist mir darum unbezahlbar.

Grüße die Freunde, genießet die goldene Zeit, sie kommt nicht wieder, und lasset bald einen frischen, erquickenden Tropfen zukommen eurem alten Philister   Christoph Maier.

* * *

Das merke ich, daß ich die heilige Schrift erst dann verstehen kann, wenn ich mich einzuleben vermag in sie. Das aber ist schwer, schrecklich schwer. Eins ist mir doch jetzt klar geworden: der Mann in Gethsemane ist in keines Menschen Phantasie entstanden, der ist gewesen und zwar gerade so gewesen, wie das Evangelium erzählt!

* * *

Der Wandsbecker Bote hat recht, wenn er sagt: „Keiner hat je so geliebt; und so etwas Gutes und in sich Großes, als die Bibel von ihm sagt und setzt, ist nie in eines Menschen Herz gekommen. Es ist eine heilige Gestalt, die dem armen Pilger wie ein Stern in der Nacht aufgeht und sein innerstes Bedürfnis, sein geheimstes Sehnen und Wünschen erfüllt."

Ja, wenn nur das Gefühl für ihn vorhielte! Aber es ist nur zu wahr, was Schleiermacher einmal sagt: „Fallen und Wiederaufstehen, die Hand an den Pflug legen und wieder bedenklich zurücksehen, das Werk Gottes rasch angreifen und dann wieder mutlos die Hände sinken lassen, dies und keine andere ist die Weise unseres geistigen Daseins!" Heiliger Schleiermachere, wüßtest du doch ein Mittel dagegen!

* * *

Die lichtesten Augenblicke sind mir die Krankenbesuche; wenn ich im stillen Leidensgemach am Bette meiner Kranken sitze und wir kommen nach allerlei Geplauder über dies und jenes wie von selbst auch auf die ewigen Dinge, da ist mir oft gerade, als fiele eine Decke von meinen Augen!

* * *

Die Schulmeister haben wahrhaftig keine Ursache, die Pfarrer zu beneiden. Wenn sie doch nur ihren Beruf recht fassen wollten! Aber sie meinen, gedrillt und doziert müsse werden. Was gleicht denn der Erhebung, welche das Bewußtsein, ewigen Samen in die jungen Herzen auszustreuen, einem Menschen gewährt?

Da ist in der Schule ein blauäugiger Bursch, dem ich's an den hellen, glänzenden Augen ansehe, daß er etwas haben will. Der gehört auch zu den Hungrigen und Durstigen, ich will ihm helfen, die blaue Blume zu suchen. Unter dem verflickten Sammtkittel des Bauernjungen blickt ein herrlicher Mensch heraus, einer von den edeln Träumern, welche zum Lichte geboren sind und nicht an sich selber denken. Ich will mich ihm opfern.

* * *

Fichte doziert: „Was für eine Philosophie Jemand wählt, das richtet sich darnach, was für ein Mensch er ist." „Die wiſſenſchaftliche Anſicht iſt nur die zur Anſchauung gewordene innere Wurzel des Lebens." Dann wäre der beſte Weg zur abſoluten Wahrheit das alte ſokratiſche: γνῶϑι σεαυτόν! oder Thomas von Kempen hätte recht: „Demütige Erkenntnis ſeiner ſelbſt iſt ein ſichrerer Weg zu Gott, denn tiefe Wiſſen-ſchaft vieler Kunſt." Ich will's verſuchen!

* * *

— Jan. 18—

„Gott iſt ein Geiſt, und die ihn anbeten müſſen ihn im Geiſt und in der Wahrheit anbeten!" Wem das feſt ſteht, der begreift, daß ein Naturforſcher einmal ſagen konnte, er habe die ganze Natur durchforſcht und Gott nicht gefunden. „Geiſt" finden wir nur in uns, Gottes Weſen erkennen wir nur, wenn wir unſer eigenes Weſen erkennen. Alſo auch hier heißt es zuerſt: γνῶϑι σεαυτόν!

* * *

Goethe ſagte einmal[1]): „Wie kann man ſich ſelbſt kennen lernen? Durch Betrachten niemals, wohl aber durch Handeln. Verſuche deine Pflicht zu thun und du weißt gleich, was du biſt! Was aber iſt deine Pflicht? Die Forderung des Tages!"

* * *

---

1) Sprüche in Proſa I. 2. 3.

Gestern war ich mit dem Pfarrer wieder einmal im Pfarrkränzchen in der Stadt. Ich gehe nie wieder hin, wenn ich nicht muß. Sie machten ein Buch herunter, das, soviel ich verstehen kann, mit tiefem, wissenschaftlichem Ernst geschrieben ist und sogar von lebhafter, warmer Begeisterung für das Rein-Evangelische zeugt. Freilich in einzelnen Punkten weicht es von der landläufigen Lehre stark ab — aber es ist ja auch nicht ein populäres Erbauungsbuch, sondern Forscherarbeit auf einem Gebiet, wo jedenfalls nicht alles zum voraus fest steht oder entschieden ist.

Erst referierte der hochwürdige Herr Dekan über das unchristliche Buch, d. h. er zog die unchristlichen Resultate heraus, ohne zu zeigen, wie der Verfasser dieselben gerade durch streng schriftmäßige Forschung gewonnen hat, goß dann einige wissenschaftliche Brühe um sein damnamus eum herum — und zog endlich eine Adresse heraus, welche „die anwesenden Herren Amtsbrüder um so weniger sich weigern werden zu unterschreiben, als es sich hier darum handle, Zeugnis abzulegen vor aller Welt." Dann trug er in salbungsvollem Ton das Schriftstück vor, dessen Pointe der bescheidene Wunsch war, daß doch ein Mann, der so weit ab vom Christentum stehe, eine weniger einflußreiche Stelle einnehmen sollte, als wirklich noch der Fall sei.

Die Anwesenden stimmten mit schwer gewichtigem Kopfnicken bei „s'ist wahr, Herr Dekan, man muß Zeugnis ablegen, ja, ja!" Mein Pfarrer aber, der während des ganzen Referats mit seinem Nachbar, der auch mehr der Landwirtschaft, als der wissenschaftlichen Theologie zu huldigen schien, sich eingehend über die Spargelzucht unterhalten hatte, fuhr nun auf, faßte sich aber, und sagte, zwar mit kutterrotem Kopf, aber mit ruhiger Stimme:

„Ich werde nicht denunzieren!" Bängliches Schweigen erfolgte, alle Häupter wandten sich erwartungsvoll dem Dekan zu, eines losbrechenden Wetters gewärtig.

Der hochwürdige Herr aber blieb völlig ruhig und erwiderte mit schneidender Kälte:

„Zeugnis ablegen ist nicht denunzieren! Wir haben das Buch kennen gelernt, ich selbst habe den Herren die Hauptsache aus dem Buche mitgeteilt — wir protestieren gegen die unchristliche Wissenschaft — wir wenigstens, die wir das Buch kennen" — setzte er mit sarkastischem Lächeln hinzu, offenbar auf meines Pfarrers Unaufmerksamkeit während des hochwürdigen Vortrags anspielend.

Zum jähen Staunen der Amtsbrüder, die sich mit unverhohlenem Entsetzen nach dem Sprecher hinwandten, erklärte der Pfarrer ruhig:

„Ich habe das Buch gelesen, bis zu Ende gelesen, ganz gelesen — gestern fertig gebracht."

„Und stimmen mit dem Verfasser wohl in einigen Punkten überein?" fragte kühl und lauernd der Verfasser der Matrikelzeugnisse und setzte dann, zu den Brüdern gewandt, hinzu: „es ist gefährlich, auch nur Einen Schritt zu thun auf der Bahn des Unglaubens, sie ist abschüssig und breit" —

„Im Gegenteil, erwiderte würdig und ruhig mein Pfarrer, ich glaube fogar, daß der Verfaffer in vielen Punkten durch feinen Scharffinn irre geführt worden ift. Doch wage i ch als Mann der Praxis nicht über den zu urteilen, der fein Leben der Forfchung gewidmet hat. Aber das fag' ich, daß mir das Buch Licht und Anregung, Auffchluß über die evangelifche Gefchichte gegeben hat, wie wenige andere Bücher, und daß es wahrhaft reinigend und ftählend auf meinen grauen Kopf gewirkt hat. Gewiß, es würden die Herren vielleicht auch ein weniger herbes Urteil gewinnen, wenn fie das Buch felbft lefen würden!"

Das verletzte den Dekan. Er fchluckte es aber, und einer der Getreuen meinte, die Sache nun auf's Gefellige und Scherzhafte hinüberfpielend:

„Der Spargelpfarrer hat halt den Profeffor in fich, da können wir Landpraktizi nicht hin."

Mein Pfarrer war aber nicht zu Späffen aufgelegt, er ftand auf, nahm den Hut und fagte:

„Schon gut! Ich fage nur fo viel, daß i ch mich an einer Denunziation in keiner Form beteilige. Ich weiß ja wohl, daß die Herren alle in guter Meinung unterfchreiben; da ich aber die Sache für eine Denunziation halte und an= fehe, fo halten Sie mir's zu gut, daß ich mich von der Sache ausfchließe. Bitt' um Vergebung, Herr Dekan, nichts für ungut, meine Herren, kommen Sie, Herr Dikar! Empfehl' mich gehorfamft."

Draußen waren wir. Mein guter Herr fchnaufte ge= waltig, er war bitterbös, das fah man. Er ftieß den Stock

heftig und haftig auf den Boden und kam in's Rennen, bis
wir an die große Steige kamen, die nach dem Pfarrdorf führt.
Da stand er still, wischte sich mit dem rotseidenen Taschen-
tuch den Schweiß von der Stirne, warf aber mit demselben
die Handschuhe, die Schnupftabaksdose, einige Endchen Bind-
faden und anderes Geräte heraus. Ich eilte, ihm seine Ta-
schenhaushaltung zusammenzulesen, und er fieng an zu lachen:

„Da sehen Sie, Herr Vikar, Alter schützt vor Chorheit
nicht. Habe mich nun wieder so in die Aufregung bringen
laffen"!

Nun mußte auch ich lachen und meinte, es sei aber auch
unsäglich schwül geworden da drinnen, der Herr Dekan habe
ein Gesicht gemacht, wie Peter Arbues auf Kaulbachs Bild,
und ich meinerseits mit meiner lebhaften Phantasie habe
schon das Feuer zum Scheiterhaufen knistern gehört!

Der Pfarrer lachte — „Sie sind also, wie ich sehe, meiner
Ansicht?"

„So, so" erwiederte ich; „ganz," darf ich nicht sagen;
denn ich kenne das schreckliche Buch nicht. Aber da steh ich
freudig zu Ihnen, wenn es gilt, diesen Herren, die da meinen,
sie haben das Evangelium gepachtet, nahe zu legen, daß der
Glaube, der fluchen und tödten kann, wenigstens nicht der
Glaube unseres Heilands ist. Ausschließen ist meiner Meinung nach moralisches Töten; die Absicht ist wenigstens
dieselbe."

„Sie haben recht! Ich lasse mich nun einmal nicht darauf ein! Das Buch sollen Sie übrigens heute noch haben.

Sie werden wohl eher damit fertig, als ich! Denn diese neue Begriffswelt ist meinem alten Kopf fremd und recht schwer verständlich.

„Ja, und bei mir kann das Buch auch nimmer viel verderben," lachte ich, offen gemacht durch die Vertraulichkeit des guten Pfarrherrn.

„Wie so? wo so?" fragte derselbe, stand still und sah mich bekümmert an.

Ich beruhigte ihn, daß die Sache nicht so schlimm sei, und wir kamen nun auf ernste Dinge zu reden.

Ich sagte, daß es mir allerdings schwer werde, eine Predigt zu machen, und vollends, sie mit innerer Freudigkeit zu halten. Denn, wenn ich mich in die schönste Stimmung hineingearbeitet habe, kommt gerade immer der nüchterne, leidige Widerspruch zwischen meinem Wissen und dem Gemeindeglauben dazwischen und stört mir alles —

„Ja, ja, ich glaube das schon," erwiederte der Pfarrer; „doch gestehe ich offen: diesen Zwiespalt verstehe ich nicht recht."

„Glauben und Wissen sind ja gar nicht Glieder Eines Gegensatzes, wie können sie denn eine Antinomie bilden in dem Sinne, wie Ihr jungen Herren von heute meinet? Ihr haltet Glauben für eine Form des Wissens, für Annahme eines bestimmten Wissensstoffes. Da meine ich, trafen wir Kantianer doch die Sache besser: wir hielten den Glauben für ein Thun. Das stimmt prächtig zur Erfahrung, denn der Glaube ist L e b e n unter dem Einfluß des Evangeliums,

beherrſcht von ſeinem Geiſte, Leben, in dem der Grundton
Jeſus heißt. Sehen Sie, um Glauben zu haben, muß man
erſt Chriſtus perſönlich kennen: er der Heiland muß einem
im Kreis der eigenſten Lebenserfahrung nahe treten, daß man
perſönlich empfindet ſeine heilige Größe, ſeine Hoheit, die
allen Eigentrotz beugt, ſeine königliche Liebe! Man muß zu
merken anfangen, daß es Nacht, ſternloſe Nacht iſt im Men-
ſchengeiſt ohne ihn, dann erſt lernt man einſehen, was er
iſt. Er muß einem perſönlich etwas ſein, dann iſt es ja
ganz gleichgültig, welches theologiſche Schema man über ihn
ſich bildet, auf welche Weiſe man dieſes Leben im Glauben
mit ſeinem ſonſtigen Wiſſen in Einklang zu bringen ſucht.
Deswegen ſagt Kempis — wiſſen Sie, Kempis und Kant
ſind meine Propheten —: Chriſtus wird eher begriffen durch
Nachfolge, als durch Lehre!"

Ich erwiederte, das ſei alles recht und gut, aber um
zu predigen, müſſe man doch etwas Feſtes haben, das ſich
auch zu Lehrſätzen zuſpitzen laſſe, die man unterſchreiben
könne.

„Gewiß, aber zum predigen brauchen Sie das doch nicht!
Meinen Sie denn, Sie bringen den geſcheidteſten Mann aus
dem Volk durch die Predigt zum Verſtändnis auch nur Eines
dogmatiſchen Satzes? Und wenn auch, was wäre denn damit geleiſtet? Wollen wir denn aus der Gemeinde uns
Theologen ziehen? Nein, wir wollen die Leute zu Chriſtus
hinführen, wollen darauf hinarbeiten, daß das gepredigte
Chriſtentum in jedem einzelnen Menſchen ein perſönliches,

eine lebendige Kraft werde, die ihn beherrscht, im Handeln leitet, im Leiden tröstet, im Sterben stark macht. Das scheint mir unsere Aufgabe zu sein; dieser kommen wir aber, meine ich, am besten nach, wenn wir nichts predigen, als den Herrn Christus selber! Ist's nicht eine unerschöpfliche Aufgabe, die uns jeden Tag wieder eine neue Seite zeigt, zu ihm zu weisen als dem, der allein das Leben hat und dem Leben den rechten Wert gibt? In allen den wechselnden großen und kleinen Ereignissen des Lebens die Spuren zu suchen, die auf ihn weisen und zu ihm leiten? Dazu gehört freilich vor allem eine fleißige Selbstbeobachtung und eine große, auch das Kleinste nicht übersehende Treue in der Seelsorge! Sehen Sie, so kommen wir wieder auf die Treue, den Willen — den kategorischen Imperativ als den Anfang im lebendigen Christentum zurück!"

Ich bemerkte dazwischen: daß ich auch stets den Eindruck gehabt hätte, die alten Rationalisten seien im Grunde viel bessere Christen gewesen im Sinne des Evangeliums als das prononzierte orthodoxe Christentum von heute.

„Und da haben Sie recht, das ist wahr, ein heiliger Ernst ist es uns gewesen, das kann ich bezeugen! Jedenfalls wären solche bösartigen Ketzergerichte bei uns nicht möglich gewesen!

„Waren Sie denn Kantianer?"

„Mit Leib und Seele! Bin es in gewissem Sinne noch, habe aber freilich nun gar vieles noch dazu gewonnen! Wie freut es mich, in meinen alten Tagen zu hören, unsere

jungen Theologen machen sich wieder mehr an den Königs-
berger Weisen, als in den letzten Jahrzehnten!"

Ich hatte ihm dies nämlich schon öfter gesagt.

Es war schon dunkel, als wir zu Hause anlangten. Der
Pfarrer war wieder in sein Gleichgewicht gekommen. Nach
dem Nachtessen zündete er eine ganze Cigarre an, während
er für gewöhnlich die Cigarren zerschnitt und nur je die
Hälfte auf einmal rauchte. Die Frau Pfarrerin mußte vom
Sonntagswein heraufholen und der prächtige Herr thaute so
auf, daß es kein Wunder war, wenn ich bis Mitternacht bei
ihm saß und plauderte.

Als ich gieng, um mein Zimmer aufzusuchen und er
mir die Hand reichte, um mir gute Nacht zu wünschen, sagte
er noch:

„So, Herr Vikar, darüber besinnen Sie sich, warum der
Herr Christus nicht selber ein Evangelium geschrieben hat!
Morgen geben Sie mir Ihre Antwort! Aber halt, wir wollen
auch noch den Herrn Dekan leben lassen!"

Lachend stießen wir an. Dann gieng ich auf mein Zimmer.

* * *

Den Tag darauf.

Der Pfarrer schaufelt und schort im Garten ganz wütend!
Prächtiger Mann! an jeder Scholle läßt er seinen zornigen
Eifer aus, den er noch von dem gestrigen Auftritt im Kränz-
chen her in sich trägt.

Ich habe nun das Buch gelesen! Sollte man in unseren Tagen, wo man dem Weltheiland alle Würde rauben will, nicht dankbar und glücklich sein, wenn ein ernster Forscher als Ergebnis seiner Forschungen ausspricht:

„Ein positives Resultat können, glaube ich, alle unterschreiben, auch die skrupulösesten Zweifler gegen den Vollkommenen in der Menschheit, ob er nun Jesus heiße, oder ein anderer Mann: die Thatsache, daß keiner in der Menschheit groß gewachsen, in dessen Person Ideal und Wirklichkeit sich so begrüßt, berührt und geküßt, wie in den Gesichtszügen dessen, den der ahnungsvolle, tiefe Blick alten und neuen Glaubens als das leibhaftige Ideal jubelnd bewillkommt, dem das schärfste Operationsinstrument dieser qualvoll verständigen, mißtrauischen Neuzeit keinen ernstlichen Schatten abgewinnt. So freue man sich, statt klein das Licht des Großen zu trüben, daß er da ist und daß in diesem Bilde die Menschheit ihre Bestimmung liebt."

Sollte man dem, der dies geschrieben, nicht freudig die Hand drücken? Wenn dies das Resultat der Wissenschaft ist, sollte man noch über dieselbe schmähen? Statt dessen zürnen sie dem Mann, weil sein Christus von ihrem Schema, das nicht einmal dem biblischen Glauben entspricht, abweicht. O Welt!

* * *

Je mehr ich mich in der Bibel zurecht finde, desto mehr

Bedenken steigen in mir darüber auf, ob denn unsere sogenannte evangelische Landeskirche den Namen einer e v a n -
g e l i s ch e n Kirche mit Recht führt! Daß gerade unsere
schwäbische Weitherzigkeit und Milde, die immer wieder eine
herbere Geltendmachung des Bekenntnisstandpunktes bei uns
zurückdrängt, noch ein Stück ächt reformatorischen und apo-
stolischen Sinnes ist und nicht, wie unsere norddeutschen
Brüder oft behaupten, eine Schwäche, gebe ich von Herzen
zu. Aber ist nicht trotz alle dem auch bei uns die vorherr-
schende Strömung die, daß man die Bibel meistern will nach
dem Bekenntnisbuchstaben, freilich ohne daß man sich darüber klar, daß man sich dessen nur eigentlich bewußt wäre?
Reformatorisch wäre es, die Bekenntnisse zu meistern nach
der Bibel. Und da will es mir scheinen, daß es jetzt allmählich an der Zeit wäre, den Herrn Christus auch einmal
recht zu Wort kommen zu lassen. Ich finde in unseren Be-
kenntnissen in der That nur die Gedanken des Apostels Paulus, da und dort des Petrus und Jakobus wieder, vom
Evangelium Jesu Christi, das einer Donnerstimme gleich
durch die Erzählung der Evangelisten hindurchklingt, finde
ich — mir selber darf ich es doch gestehen! — im Bekenntnis
ganz erschreckend wenig. Wenn man auf die Stücke des
Evangeliums trifft, das Seinem Munde entstammt, so ist es,
als stieße der Fuß plötzlich an ein Marmorstück, das auf eine
herrliche, kunstvolle Gestalt zurückweist; so hell leuchtet das
ächt Göttliche aus dem Gestein und Geröll des Menschlichen
hervor. Es ist da alles so groß, so fest, so erhaben und so

vorurteilsfrei gefaßt, daß es nicht von Menschen stammen kann.

Sollen wir nicht jetzt, da unser Auge an diesen Unterschied des Göttlichen und Menschlichen auch in dem Schrifttum der Bibel gewöhnt ist, von der Theologie der Apostel, namentlich des Paulus, auf das Evangelium Jesu Christi selbst zurückgehen? Ja es thäte not, daß wir Theologen uns einmal entschlößen, unsere ganze Schriftgelehrsamkeit und pharisäische Weisheit aufrichtig bei Seite zu lassen und in demütiger Bescheidenheit zu den Füßen dessen zu sitzen, der doch unsere höchste Autorität ist! Ich wenigstens will ein Christ Christi sein! Dabei bin ich freilich ein großer Ketzer, das spüre ich wohl; was kann ich dafür?

* * *

Ich setzte letzthin dem Pfarrer meine Gedanken auseinander, er nickte beifällig mit dem Kopfe, meinte aber pfiffig lächelnd: „Sie vergessen doch, lieber domine, daß die sogenannte Glaubensregel v o r dem Schriftkanon da war, daß die heiligen Schriften sogar nach dieser Regel zusammengestellt worden sind."

„Gerade aber, weil das der Fall ist" erwiderte ich „weil aus dem Schrifttum der urchristlichen Zeit das herausgewählt worden ist, was dem Bewußtsein der damaligen Kirche das Christlichste dünkte, weil aber dieses Bewußtsein doch eben ein menschliches war, so meine ich, haben wir das

Recht, die Arbeit der urkatholischen Kirche aus dem Evangelium des Herrn heraus zu korrigieren und zu modifizieren: die S ch r i f t ist göttlich, ja, der Kanon ist menschlich!"

Der Pfarrer hob auf diese meine mit erregter Stimme gesprochene Rede hin drohend den Finger und meinte: „Sie sind ein logisches Trampeltier, warten Sie, ich sag's dem Hochwürdigen!"

Also Recht hab' ich doch!

* * *

Ich habe mich lange besonnen, wie ich dem Pfarrer auf seine Frage antworten soll: „warum der Herr nicht selbst ein Evangelium geschrieben habe?" Endlich ist mir eine Antwort gekommen: aus demselben Grunde, warum er den Jünger nicht fragt: „Was weißt du und bekennst du?" sondern dreimal: „Hast du mich lieb?" — Und wie sagt er im Evangelium Johannis 7, 17? „So jemand will deß Willen t h u n, (der mich gesandt hat), d e r wird inne werden, ob diese Lehre von Gott sei, oder ob ich von mir selbst rede."

* * *

Nicht den „Glauben" d. h. ein System von Lehrsätzen sollen wir in der Schrift suchen, sondern das ewige Leben. So der Herr Joh. 5, 39! S e i n e n Glauben will ich finden, nicht den der Menschen!

* * *

Was ist denn überhaupt „Glaube"? doch nicht ein Wissen zweiten Ranges? überhaupt nicht ein Wissen im landläufigen Sinne des Wortes, sondern ein Schauen im Geist, ein unmittelbares Innewerden der ewigen Welt, als deren leibhaftiger Zeuge Jesus vor uns steht, und deren lichte Umrisse wir durch seine Lebensworte hindurchschimmern sehen. Diese Welt in Ihm ergreifen und festhalten als die wahre, volle, entscheidende Wirklichkeit, darauf leben, leiden, sterben, Ihm nachfolgen durch Dick und Dünn. das, meine ich, ist der Glaube, auf den es Jesus ankommt. „Ich glaube, Herr, hilf' meinem Unglauben!"

* * *

Der Verstand will Gott erkennen in seinem Wesen und Sein. Der Glaube will vor allem zu Gott kommen, Gott überall suchen, in Gott ruhen! Der Glaube kann sich an den unbegreiflichen Gott halten, denn er hat ihn. Das Wissen — muß es nicht wohl oder übel „glauben"?

* * *

Ich mußte heute zu einem Kranken, dessen ganzes Leben ein Widerspruch gegen die göttliche Liebe ist. Es ist der alte, siebzigjährige Jonathan in der Rauchhütte am Ende des Dorfs.

Er war einst ein schmucker Bursch gewesen, seine Aufführung war so musterhaft, daß er die Augen zu der Tochter eines reichen Großbauern erheben durfte. Der Schmiedhofbauer duldete es, denn er war ein verständiger Mann, der wohl einsah, daß ein tüchtiger Charakter und eine gute Arbeitskraft die beste Mitgabe sei. Da wurde einst beim Holzhauen im Walde dem Jonathan ein Fuß von einer Tanne abgeschlagen. Der bildschöne Bursch war ein Krüppel, von dem Krüppel wollte das Mädchen nichts mehr. Der Jonathan trug seine tiefe Liebe zu Grabe. Von nun an war er auf die Gutherzigkeit der Leute angewiesen; als Sohn einer armen Familie hatte er nur wenig; verdienen konnte er selten, da seit jenem Unglückstag ein hartnäckiges Siechtum ihn heimsuchte.

Nun faßt er das alles auf als Strafe für seinen ehemaligen Hochmut. „Ich habe auf meiner Hände Kraft zu übermäßig gepocht! ich habe müssen Demut lernen!" Kann das denn seine Stimmung wirklich sein? Ich würde allen Glauben verloren haben und mein Dasein verfluchen, wenn mir's so gienge, wie dem!

*　*　*

Es ist ein seltsamer Mensch, dieser Jonathan! Es ärgert mich, daß er immer in Sprüchen und Gesangbuchversen redet. Dennoch muß ich mir sagen, daß in der Art, wie er seine Sprüchlein faßt und beibringt, viel Weisheit steckt. Der Bauernkopf ist hart und schwer zum Denken; was er aber

einmal aufgenommen hat, das ſitzt feſt und tief. Ein gut
Teil Jronie hat er auch!

* * *

„Sie müſſen mehr Demut lernen, Herr Vikar! Das Reich
Gottes kann man nur als Kind empfangen, deswegen heißt's
herunterſteigen!" ſo ſagte der Alte heute zu mir. Mich em-
pörte dieſe pietiſtiſche Hofmeiſterei des Bauern. Nun —
er iſt ja krank. Jch will doch wieder zu ihm gehen.

* * *

Hochmütig iſt er nicht, das habe ich heute wieder geſehen.
Wahrhaftig ich beuge mich vor dieſem einfachen Naturchriſten.
Wie hat der gelitten! Er erzählte mir ſeine Geſchichte, er
erzählte mir, wie er im Anfang ſeines Unglücks Gott gefucht
habe. Man meint ſo oft, der Bauersmann empfinde nicht
ſo zart und tief, wie die Gebildeten. Jn manchen Dingen
mag das der Fall ſein. Aber was ächte, wahre Leidenſchaft
iſt, das ſtürmt und wogt auch in dem rauhen Herzen des
Naturkinds, nur viel gewaltiger, heftiger, erſchütternder, als
bei uns. Welch' eine ſchmerzenreiche Seelengeſchichte liegt
zwiſchen dem erſten Unglückstag des armen Menſchen und
heute! „Man lernts auch nicht in Einem Tag", meinte er
wehmütig, als ich ihm ergriffen die Hand drückte. „Das

Menschenherz ist ein trotzig Ding, der bittere Kelch hat mir lang nicht hinunter wollen!"

* * *

Ich habe heute den Jonathan gefragt, wie er denn zu einem so festen, fröhlichen Glauben gekommen sei. Er erwiderte: er habe eben keine andere Wahl mehr gehabt. Anfangs haben ihn manchmal die alten Freunde besucht und ihn damit trösten wollen, daß sie ihn merken ließen, er werde bald durch den Tod erlöst werden. Ach, auch der Elendeste klammert sich halt noch an das süße Leben an, wenn dasselbe auch keine Freude mehr hat und keine mehr verheißt: sterben in jungen Jahren, o, das ist schauerlich! Da habe er angefangen, in den Psalmen zu lesen, in denen so viel gestanden sei, was ihm aus der Seele gesprochen sei. Da sei ihm gewesen, als gäb's in der weiten Welt nur Einen, der ihn verstehe, der sich in die Gemütsdunkelheit versetzen könne, in der er sei.

Immer lieber habe er nach der Bibel gegriffen und immer tiefer habe er sich hineingelesen, bis ihm endlich ein Licht über sein Geschick aufgegangen sei. Seither habe er den Schlüssel zu seinem Leben gefunden in Gottes Weisheit und Liebe, und das Dasein, die ewige persönliche Gegenwart des Herrn Jesu habe er dürfen so lebendig und reichlich erfahren, daß ihm Zweifel nie mehr gekommen seien. Aber freilich, vorher sei ihm alles, was er für einen Stab gehalten habe, auf den er sich stützen könnte, unter der Hand zerbrochen.

„O Herr Vikar, wenn man mitsamt dem bischen Verstand keine Wahl mehr hat, als ein Narr zu werden, oder den Glauben aus der Bibel zu ergreifen, da probiert man das letztere. Ich hab' mich mit einem verzweifelten Notschrei auf den Heiland geworfen, krampfhaft, wie ein Kind, wenn's Schmerzen hat, sich an den Hals der Mutter hängt. Da hat's einen Rucker gethan, ich spürte wieder Ruhe im Gemüt, ich konnte stille sein, und das gieng mit dem Vertrauen von Tag zu Tag besser. Freilich, so recht sagen kann ich nicht, wie's gegangen ist.

* * *

Der Mann hat mir's angethan. Ich kann das Ueberirdische, an das ich mich wie mit unsichtbaren Fäden trotz meiner Ketzerei geknüpft fühle, nirgends greifen, aber dem Jonathan leuchtet's aus den Augen. Wenn ein Glaube solche Kraft hat, wie bei diesem Krüppel, da muß doch was dran sein.

Ich las ihm heute aus seiner Bibel vor; da fielen einige Blätter Papier heraus. Ich hob sie auf und siehe da, es waren — Gedichte. Als ich ihn fragte, was das sei, gestand er zögernd, daß er sie gemacht habe. Er habe immer gerne sinniert, da habe er früher, in der Zeit, da er noch gemeint habe, allein mit sich und mit seinem Geschick fertig zu werden, Verse gedreht; es sei aber schlimmes Zeug. Doch gestattete er mir, die Blätter mitzunehmen. Ich schreibe sie mir ab:

es ist eigentümlich, fremde, der Schulbildung entliehene Wendungen kreuzen sich darin mit ächten, tiefen Herztönen!

* * *

Bekenntnisse[1])

eines Krüppels nach Seele und Leib.

> Krüppel ist der Vater!
> Krüppel sind wir, seine Kinder!

Will sich denn niemals dieses Dunkel lichten?
Nur Elend endlos sich auf Elend schichten?
Soll nimmer enden dieses bittre Klagen?
Soll nimmer enden dieses bange Fragen?

———

Nur immer vorwärts, munter klimm' du aufwärts!
Die Sonne scheint, ob dunkel auch die Nacht,
Nur weil der Erdball zwischen dir und ihr,
    Bescheint ihr treues Licht
    Dich derzeit nicht!

Bedenk's, o Mensch, und streu', eh' du gebunden
Vom Elend wirst, auf Hoffnung edlen Samen!

Die Zeit, sie eilt! sie flieh'n so schnell, die Stunden
Und keine kehrt von allen, die da kamen.

———

Geduld, sie birgt Juwelen
Für kranke, dunkle Seelen.

———

Ich sah einst im April den Wind
Die jungen Blüten stürmisch niederweh'n,
So daß die Erde weiß ward. Drauf ein Kind,
Das ihm vom Fenster aus hat zugeseh'n,
Rief weinend: „Ach der böse, rauhe Wind!"

Da dacht' ich, wir sind alle, wie dies Kind,
Wir jammern gleich, wenn uns ein Sturm genommen
Den Blütenschmuck! — Die Blätter kann er nehmen,
Der Keim, aus dem die goldnen Früchte kommen,
Bleibt ja zurück, dann' müssen wir uns schämen,
Daß wir gescholten diesen bösen Wind!

———

Im Herbst.

Holder Sang aus kleiner Kehle
Täuschend mich mit Lenzeswonne —
Fragst du auch noch, was mir fehle?
Oder klagst du um die Sonne?

———

Die Rosen sind hin —
Die Liebe schon länger!
Die Freude ist selten!
Der Pfad wird nur enger!

Und jäher geht's aufwärts
In drückender Schwüle —
Frisch munter nur vorwärts,
Bald sind wir am Ziele!

Verlassenheit, du stilles Weib
Mit ernstem Blick und welkem Leib,
Was ziehst du mit unwiderstehlicher Macht
Mich an? Was hast du aus mir gemacht?

— ——

Sonne ist hinabgegangen,
Laue Luft spielt um die Wangen,
Und die Abendnebel brüten
Lautlos über allen Müden.

Ach, die Sonne schien so warm,
O, ich mag noch nicht hinab,
O, ich kann nicht — voller Harm
Denk' ich an ein off'nes Grab!

———

Ich weiß ein einsam Grab,
Darob ein Adler schwebet,
Und ob er ewig kreiste,
Er sinkt doch nicht herab!

Das Grab — das ist mein Elend,
Ich gab's der Welt zum Raube.
Der Adler hoch erhoben,
Der Adler ist mein Glaube!

———

Wenn ich von andern werd' geschmält,
Und bittrer Schmerz mich brennend quält,
Dann denk' ich D e i n
Und wähn', ich trag' für Dich die Pein,
Und dulde!

———

Träumer werd' ich jetzt genannt,
Weil ich ihren ird'schen Tand
Verschmähe!
Jesu, schenke Gnade mir,
Daß ich edlen Samen hier
Aussäe!

———

Weit über Felder und Auen
Laß ich die Blicke schweifen,
Möchte den Himmel erschauen,
Möchte die Seligkeit greifen!

Abendstern.

Wunderbarer Stern der Liebe,
Blaß im Abendsonnenschimmer,
Leuchtest in der nächt'gen Trübe
Heller, tiefer, voller immer!

Wie der Stern, je mehr es dunkelt
Immer heller, voller funkelt,
So auch du, gequältes Herz:
Freu dich nur der Dunkelheiten,
Die sich reihten frohen Zeiten,
Auch dein Glanz strahlt erst im Schmerz!

Frühling.

O Jugend!
Kehrst du denn wieder?
Spür' ich das Sehnen
Verklungener Tage?
Drängts, zu erringen
In heftigem Stürmen
Das dunkle
Unsichtbare Ziel?

Wohl dir,
Folgst du dem Sehnen
Des ewigen Heimweh's!
Denn es geleitet
Hinaus aus dem Dunkel
Zum strahlenden Licht!

———

Wenn nach trüben Nebeltagen
Sonne wieder scheint,
Wenn das Herz in harten Klagen
Satt sich hat geweint,
Träuft' die neue Sonne
Wieder neue Wonne,
Neue Lenzeslust
In die müde Brust.
Und ich küß' dich wieder,
Alte, liebe Zeit,
Senkst auf mich hernieder
Alte Herrlichkeit.
Ach wir sind die Alten,
Träumen nur von Dingen,
Die gefangen halten
Und doch nicht gelingen!

———

Sonne hat die Bahn vollendet,
Droben blinken hell die Sterne:
Pilgrim bin ich, in die Ferne
Hab' ich meinen Blick gesendet.
Und es weilen die Gedanken
In der Ferne ohne Zeit und Schranken.

Müde kehr' ich zu den Meinen
Wieder und zum harten Los,
Fühl' mich doppelt arm und bloß
Nach dem Licht, dem vollen, reinen!
Richte zu den Sternen nur den Blick,
Droben auch für dich noch gibt es Glück!

———

Ausgestritten, ausgerungen
Ist der heiße, harte Streit:
Hinter mir die Welt bezwungen,
Vor mir Lebensherrlichkeit!

———

Ach, es irren die Gedanken,
Wo nicht Gott der Hirte ist,
Wie die Blitze pfadlos schwanken
Bang im fiebrischen Gelüst!

Aber, wer die gläub'ge Seele
Giebt in seine Vaterhand,
Den führt, welchen Weg er wähle,
Jeder hin zum Friedensland![²]

Dort steht er in der Thüre
Und grinst voll Hohn, der Tod!
Und schöner glänzt des Sommers
Verglimmend Abendrot.

Und schöner dünkt das Leben
Nun, da's zu Ende ist;
Das ist der Zwiespalt eben,
Daß du von Erde bist!

Noch einmal möcht' mit sichrer
Und wohlgeübter Hand
Man in die Zügel greifen
Und weit ins offne Land

Die Fahrt aufs neu' beginnen
Auf andre, beßre Art;
Statt dessen gehts von hinnen,
Die letzte böse Fahrt!

Um Mitternacht. [3])

Auf mein Lager hingestreckt,
Von den Menschen abgeschieden,
Ganz mit Wunden überdeckt,
Seufz' ich, ach, nach Ruh' und Frieden,
Und der Schmerz verzehrt mich schier!
So viel Qual, warum nur mir?
  Barmherziger Vater, laß mich nicht erliegen!
  O Jesu, hilf kämpfen, o Jesu, hilf siegen!

Laß, o Herr, mich messen nicht
Eig'ne Schuld an fremden Qualen!
War es deines Sohnes Pflicht,
And'rer Sünden zu bezahlen?
Und wie trug er mit Geduld
Unser aller Schmach und Schuld!
  Barmherziger Vater, laß mich nicht erliegen!
  O Jesu, hilf kämpfen, o Jesu, hilf siegen!

Wo das Kind zum Vater fleht,
Ziemt es sich nicht, zu vergleichen;
Stille nehm' es früh und spät,
Was der Vater ihm will reichen;
Freu' sich, daß es ihn erlas,
Er weiß schon das rechte Maß.
  Barmherziger Vater, laß mich nicht erliegen!
  O Jesu, hilf kämpfen, o Jesu, hilf siegen!

Zeig' mir, was ich mir verhehlt,
Zieh' den Schleier von den Augen!
Lehre mich, was ich gefehlt,
Und wozu die Reu' kann taugen!
Uebers Schwerste hilf voll Gnad:
Bring' mich auf der Demut Pfad!
   Barmherziger Vater, laß mich nicht erliegen!
   O Jesu, hilf kämpfen, o Jesu, hilf siegen!

Und schickst du vielleicht statt Trost
Neue Schmerzen, neue Proben,
Laß mich dann nur unerbost
Immer deine Güte loben!
Trauest du nicht mehr mir zu?
Wen du lieb hast, züchtigst du!
   Barmherziger Vater, laß mich nicht erliegen!
   O Jesu, hilf kämpfen, o Jesu, hilf siegen!

Seit du, Herr, mich gnädiglich
Aus des Zweifels Angst genommen,
O, so laß nur nimmer mich
Jetzt aus deinem Arm entkommen,
Zeig mir deines Sohnes Bild,
Decke mich mit deinem Schild!
   Barmherziger Vater, laß mich nicht erliegen!
   O Jesu, hilf kämpfen, o Jesu, hilf siegen!

* * *

Die hellen Thränen sind mir heruntergelaufen bei der Lektüre dieser Stoßseufzer. Und wie hat nur dieses sturmbewegte, trotzige Gemüt sich abgeklärt zu dem stillen Frieden, der es jetzt beherrscht, und der mich immer umfängt, so oft ich an seinem Leidenslager sitze! Wie glücklich ist dieser Mensch mitsamt seinem Elend!

Wie ich ihn fragte, ob er jetzt auch noch manchmal in dieser Art sinniere, so meinte er lächelnd: „nein! seit er Gott gefunden habe, dichte der für ihn." Ich fragte ihn, wie er das meine; darauf erwiederte er: seine Gedichte seien ihm wahre Notschreie, auch dann und wann Gebete gewesen! Die finde er jetzt besser in der Bibel!

Nun verstehe ich seine Bibelsprache. Es ist ihm dieselbe zur eigentlichen Muttersprache geworden.

Und ist sie es denn nicht für uns alle? Ist es uns, wenn wir nach langem Irren einmal wieder in dem heiligen Frieden unserer Bibel einkehren und ihre Worte auf unser Gemüt wirken lassen, nicht, als klänge uns die alte, unvergessene Melodie in die Seele, die alle lebendigen Wesen durchzieht, die Mutterliebe? „Kann auch ein Weib ihres Kindleins vergessen, daß sie sich nicht erbarmte über den Sohn ihres Leibes? Und ob sie desselben vergäße, so will ich doch dein nicht vergessen!" „Ich will euch trösten, wie einen seine Mutter tröstet!" Die Bibel ist das hohe Lied der unerschöpflichen Gottesliebe, sie atmet dasselbe Liebesleben, das uns am Mutterherzen so warm und wohlig umfieng. Darum klingen die Worte uns wie Heimatlaute, wie die Töne der Abendglocke, die uns vom Spielen auf der Gasse nach Hause rief!

* * *

. Das ist mir bei meiner Zerfahrenheit noch der einzige Trost, daß dem Jonathan der sogenannte Glaube auch nicht über Nacht angeflogen ist.

* * *

Heute habe ich ihn gespürt, den ewig Lebendigen. Mein Herz hat aufgejauchzt vor Jubel und Siegeslust. Oder ist's wieder künstlicher Taumel, Täuschung gewesen?

* * *

Predigen sollen und selber nichts in sich haben, was man andern bieten kann, o, es ist entsetzlich! Mir graut jeden Samstag vor der Kanzel!

Ach, wer die Flügel ausbreiten und in die weite, weite Welt hinausfliegen könnte, um all' das tolle, finstre Zeug abzuschütteln und tief unter sich zu lassen!

4.

„Ich preise dich, Gott, Vater, Herr des Himmels
und der Erden, daß du solches den Weisen und
Klugen verborgen haft und haft es den Unmündi-
gen geoffenbart. Matth. 11, 26.

Das Leben im Pfarrhause verlief still und äußerlich
einförmig; aber es war ein innerlich reiches Leben. Die
Frau Pfarrerin gehörte zu jenen geräuschlos wirkenden Frauen,
deren Schaffen und Walten im ganzen Hause gar wohlthuend
empfunden wird, ohne daß man eigentlich wahrnimmt, wie
und wann alles geschieht. Es war unmöglich, von dem
friedevollen Wesen unberührt zu bleiben, welches diese einfache Frau unbewußt um sich her verbreitete. So herrschte
durch das ganze Hauswesen hindurch ein wohlthuender Friedens-
und Ordnungsgeist. Auch unter dem Kinderhäuflein machte
sich bei aller natürlichen Ausgelassenheit ein Geist der Zu-
sammengehörigkeit geltend, ein Daheimsgeist, der eben nur
der Widerschein der trauten Liebe war, welche die beiden
Gatten miteinander verband.

Dabei trug das ganze Wesen und Gebahren der beiden
ehrwürdigen Leutchen den Stempel eines freudigen, in sich
gefestigten Glaubens. Wie kernfest und sicher trat der Pfarrer
auf; es war in seinem Wesen fast etwas Apostolisches; und
doch war die Frömmigkeit in seinem Hause natürlich, so un-
gesucht und so ungekünstelt, daß man sofort spürte: bei diesen
Leuten war der evangelische Glaube in der That ein Stück
Leben, er bildete den Grund, auf welchem sich ihr Leben auf-

baute und sicher und friedlich bewegte. Man sah, es war außer Vater und Mutter noch Einer im Hause, nach dem gefragt wurde und vor dem sich alle Hausgenossen beugten. Es zeigte sich so an diesem kleinen Daheim die weltverklärende Macht des Evangeliums.

Wahre Naturen und reine Herzen können einander nie fremd bleiben, wie sehr auch vielleicht die Ueberzeugungen auseinandergehen. So knüpfte sich bald zwischen dem Vikar und den freundlichen Hausgenossen ein Band inniger Anhänglichkeit und Zugehörigkeit. Der Pfarrer verstand das unklare Drängen und Gähren des jungen Geistes. Die Pfarrerin entsetzte sich manchmal über seinen „schrecklichen Unglauben", wenn er scherzhafte Aeußerungen that, aber sie liebte an ihm das unverdorbene, frische Wesen und dachte, daß er zu den Nathanaels gehöre, die ohne Falsch sind und mit der Zeit schon ihren Weg finden werden.

Christophs beste Freunde waren die Kinder. Zwar die hochaufgeschossene Maria mied der Herr Vikar mit großem Fleiß. Er besorgte, es könnte, wie das so manchem seiner Freunde gegangen war, ein verhängnisvolles Verhältnis für ihn aus näherem Verkehr mit dem „Pfarrbesen" entstehen; er wollte frei sein und frei bleiben.

Um so mehr verkehrte er mit den jüngeren Kindern. Ein besonders inniges Verhältnis hatte die kleine, zehnjährige Elisabeth mit dem Herrn Vikar geschlossen. Es war ein eigentümliches Kind; im Kreise der übrigen Kinder herrschte sie, ohne es zu wissen und zu wollen; sobald sie sich in die

Spiele mischte, bekamen diese einen ernsten Charakter. Sie war meist für sich allein und bekundete oft eine seltsam glühende religiöse Innigkeit. Sie konnte plötzlich Fragen thun, die zwar ein wunderfam reiches Innenleben erschlossen, aber auch, weil sie von zu früher Reife zeugten, den besonnenen Beobachter beunruhigen mußten.

Sie gieng am liebsten mit dem Herrn Vikar in den Wald spazieren. Abends, wenn die Dämmerstunden kamen, mußte ihr Christoph Geschichten erzählen. Christoph verstand es, zu erzählen. Die dunklen Tannen, die so ernst ins Fenster hereinblickten, der Bach, der so geschwätzig vor dem Haus vorbeieilte, die schwebenden Nebelgestalten des Waldthals, — alles wurde in seinen Märchen lebendig. Der lange Julius sperrte Mund und Nase auf und steckte die Hände immer tiefer in die Taschen, je schöner die Geschichte war; der dicke Karl setzte vor Spannung seine Lieblingsgewohnheit, am Zeigfinger zu lutschen, aus, und Elisabeth schmiegte sich, die feuchtblauen großen Augen träumerisch auf den Freund geheftet, immer fester an sein Knie. Die Mutter selber legte die Arbeit in den Schooß, sogar der Pfarrer, der mit der langen Pfeife im Mund im Wohnzimmer oft ab- und zugieng, stund zuweilen lauschend und behaglich schmauchend dabei. Christoph liebte es dann manchmal, die Geschichte auf dem Klavier, einem alten, etwas geisterhaft klingenden Spinett, weiterzuspielen, bis die Mutter die Lampe brachte und auf den Tisch stellte. Das war in der Regel das Zeichen zum Schluß; die Kinder starrten dem blendenden Lichtschein, der sie aus der schönen Märchenwelt riß, wie verloren entgegen, ähnlich, wie Nachtwandler, die angerufen werden. Zugleich stellte sich aber mit der Lampe der Sandmann ein, und des Gähnens war kein Ende, wiewohl keines Schlaf haben, geschweige denn ins Bett gehen wollte.

Christoph fühlte sich in diesen Dämmerstunden wohlthuend vom Geiste des Hauses umfangen. Er spürte, daß er geliebt wurde, und, sich geliebt zu sehen, gibt inneren Frieden und süßes Genügen. Immer fester zog es ihn in den magischen Bannkreis der lieben Leute.

Schon seit mehreren Tagen hatte er an dem Pfarrer einen trüben Zug bemerkt. Es hatte sich immer gefragt, ob er unwissend den guten Herrn verletzt habe; aber er konnte sich mit bestem Willen auf nichts besinnen. Heute fiel es ihm auf, daß der Pfarrer die kleine Elisabeth beim Gute-Nacht-Sagen mit einer fast heftigen Gewalt an sich zog, und Christoph bemerkte in seinen Augen Thränen. Da die Mutter in demselben Augenblick eintrat und die Abendsuppe auftrug, gieng der Pfarrer ans Fenster und blickte einige Augenblicke hinaus; als er sich umwandte, war er wieder ganz der alte freundliche Humor.

Aber Christoph mußte nun unwillkürlich auf seinen Liebling besonders achten. In der That sah das frühreife, liebliche Kind nicht darnach aus, als ob es lange unter den Stürmen der Welt ausdauern könnte. Vielmehr glich das Kind mit seinem zartgebauten Körper, mit dem schmalen Gesichtchen und den großen, brennenden Augen, jenen engelartigen Wesen, die in die Welt gesandt werden, daß sie durch ihre Lieblichkeit erquicken und entzücken, die aber auch bald müssen in den Himmel zurückkehren, damit sie Heimweh und ewiges Sehnen da unten wecken in den Herzen der Menschen.

Der Vater erkannte das wohl schon längere Zeit. Die Mutter ahnte nichts. Als das Kind eines Tags über heftiges Kopfweh klagte, dachte die Mutter an eine Erkältung gewöhnlicher Art. Der Vater aber konnte eine ernste Besorgnis nicht verbergen. Man sah in seinem sonst so ruhigen Wesen etwas Heftiges, Erschrockenes. Im Studierzimmer gieng er hastig auf und ab; alle Augenblicke kam er herüber und eilte an das Bettchen, in welchem das Kind geduldig lag. Man sah dem Manne an, daß er sich in schwerem Kämpfen auf das Opfer bereitete, das er dem Herrn bringen müsse. Er hatte es längst geahnt, gewußt; aber das „heute" bei Trennungen ist immer entsetzlich bitter, wenn man es auch noch so lange vorausgesehen hat.

Am anderen Morgen mußte der Arzt aus dem Städtchen herbeigerufen werden. Derselbe schüttelte bedenklich den Kopf, als er das kranke Kind untersucht hatte. Er wußte zwar die Krankheit nicht zu benennen, aber er meinte ernst, es scheine das Gehirn angegriffen zu sein, und die Eltern müßten sich auf alles gefaßt machen. Die Mutter erschrak heftig und wurde todesbleich, als sie die Mitteilung des Arztes entgegennahm. Der Pfarrer faßte die heftig zitternde Frau an der Hand. Christoph verließ mit dem Arzt die Stube. Als er sich von demselben verabschiedete, sagte der

Arzt: „Bleiben Sie bei der Hand, es kann schnell aus sein mit dem Kind."

Bei Tische fand Christoph die beiden Gatten gefaßter, als er erwartet hatte. Wohl sah man beiden den schweren Kummer an, den sie trugen; aber es schien, als wäre ihnen auch eine Kraft zugeflossen, in der sie den Kummer tragen konnten. Mit einer zarten Innigkeit verkehrten sie mit dem kranken Kinde, als sähen sie in demselben schon das dem Himmel geweihte Wesen. Da war nichts wahrzunehmen von jenen herzerschütternden Schmerzausbrüchen, die dem Scheidenden das Sterben so entsetzlich schwer machen. Wohl blutete den Eltern das Herz; aber nicht mit jener krampfhaften Heftigkeit, die sich in das bittere Muß nicht finden kann, klammerte sich ihre Liebe an das verlöschende Leben an, sondern mit einer zarten, das Kind heilig haltenden Rücksicht sahen sie dem fliehenden Leben nach, mit dem ihnen der Liebling entrissen werden sollte.

Christoph wollte gleich nach dem Essen die Gatten wieder verlassen und sich der übrigen Kinder annehmen.

Aber der Pfarrer faßte bewegt seine Hand und bat ihn, dazubleiben.

„Es thut uns wohl, daß wir nicht so allein sind, und sehen Sie nur, wie lieb die Kleine Sie hat!"

Christoph trat an das Bettchen, und das Kind heftete seine strahlenden Augen bittend auf ihn.

„Erzählen Sie mir wieder, Herr Vikar, bitte, bitte!"

„Du mußt ruhig schlafen, liebes Kind, daß du bald wieder gesund wirst. Dann gehen wir in den Wald!"

„Ach, ich mag nicht schlafen! Erzählen Sie die Geschichte von der Mutter, die ihr Kind aus dem Totenreich geholt hat, ach, erzählen Sie!"

Christoph hatte den Kindern einmal das bekannte Märchen von Andersen erzählt von der Mutter, die dem Tode ihr Kind entreißt. Er mußte die Geschichte erzählen, und die heiße Hand der Kleinen ruhte dabei in der seinigen.

Plötzlich unterbrach ihn Elisabeth und fragte in flüsterndem Tone:

„Warum ist denn der Papa so bös, und auch die Mama?"

Christoph sah fragend auf die Eltern, die sich abwandten. Das Kind schien es nicht zu bemerken und fragte noch einmal:

„Ach sagen Sie mir's; ich will lieb und folgsam sein, wenn ich wieder gesund werde."

Die Eltern kamen ans Bett und der Vater sagte freundlich:

„Du bist unser liebes Kind; wir sind nicht böse! Aber lege dich zur Ruhe, suche ein wenig zu schlafen!"

Das Kind versprach es.

Den Nachmittag über schien das Kind ein wenig zu schlummern. Die Geschwister waren im Garten; wenn sie ab und zu giengen, flüsterten sie und traten leise auf.

Gegen Abend schlug die Kleine die Augen auf.

„O, wie hell das alles ist!"

Der Himmel leuchtete eben im schönsten Abendgold und, wie im Traum, fragte das Kind:

„Kommen Kinder auch in den Himmel zu dem lieben Heiland, wenn sie sterben?"

„Ja, Lisbeth!" sagte der Vater, „wenn sie fromm gewesen sind."

„O, ich möchte nicht in den Himmel!" sagte sie wieder, jäh zusammenschreckend.

„Warum?"

„Ich möchte bei Papa und Mama bleiben, ich habe sie lieber, als den Heiland."

„Der Heiland wird dich lieb haben, wie Vater und Mutter, und wenn wir fromm gewesen sind, dann kommen wir alle wieder zusammen im Himmel!"

„O, dann ist's schön; ach sehen Sie, Herr Vikar!"

Das Kind wandte sein Gesichtchen dem Fenster zu, durch welches die untergehende Sonne rotgoldene Strahlen hereinsandte. Aber in dem Augenblick kam wieder ein Anfall, der dem Kinde fast die Besinnung raubte. Die Mutter eilte herzu, und das Kind umschlang mit seinen Aermchen wie hilfeflehend den Hals der Mutter und zog sie in sein Bettchen hernieder.

„Muß ich denn sterben? O Mama, so weh!"

Die Mutter war nicht imstande zu reden; der Vater sagte leise:

„Der Heiland will dich zu sich holen."

Dann löste die Mutter die Aermchen der Kleinen ab, legte sie stille ins Bett zurück und legte ihr die Händchen zusammen.

Das frühreife Kind verstand, was die Mutter meinte. Der Pfarrer bat den Vikar, die Kinder herbeizuholen.

Er rief sie aus dem Garten ins Haus, und sagte ihnen, daß ihr Schwesterlein in den Himmel gehe und jedem noch einmal die Hand geben wolle.

Ganz leise traten die Kinder ein. Gesprochen wurde kein Wort, es war eine heilige Stille in dem Zimmer. Jedes Kind gab der Sterbenden die Hand. Die älteren schluchzten, aber die Kleine sah sie mit großen Augen an. So nahe dem Sterben fühlte sie den herben Ernst des Todes nicht; wohl hatte sie Schmerzen, aber von dem Stachel des Todes empfand das unschuldige Kind noch nichts.

Wieder kam ein Anfall, die Mutter beugte sich zu dem Kinde nieder, das ihren Hals umschlang. Der Vater nahm sein Sammtkäppchen ab und betete mit erstickter Stimme:

Breit aus die Flügel beide
O Jesu meine Freude
Und nimm dein Küchlein ein!
Will Satan mich verschlingen,
So laß die Engel singen:
Dies Kind soll unverletzet sein!

Es war das gewöhnliche Abendgebet der Kinder.

Ein Augenblick banger Stille, dann schlug das Kind die Augen auf, die in leuchtendem Glanze verwundert umschauten:

„O, wie wohl, wie schön!" lispelte es noch, dann sanken die Aermchen schlaff vom Hals der Mutter herab. Die

Mutter legte das Kind sanft zurück; der thränende Blick, mit dem sie aufschaute und den Gatten suchte, sagte alles.

Sie faßten einander stille an der Hand. Christoph trat leise ans Fenster und blickte weinend hinaus.

Endlich hörte er den Pfarrer sagen:

„Kinder, eure Elisabeth ist im Himmel! Der Herr hats gegeben, der Herr hats genommen, der Name des Herrn sei gelobt!"

„Lisbethchen schlafen!" sagte wichtig das Kleinste. „Nicht sprechen, nicht aufwecken!"

Das Kind lag wie schlafend mit gefalteten Händchen. Die Sonnenstrahlen spielten in dem feinen Gesichtchen und die blonden Locken schimmerten wie Gold.

Christoph hatte sich stille entfernt; er folgte einem Zuge seines Gefühls und begann im Nebenzimmer die fromme Weise zu spielen: „Wenn ich einmal soll scheiden."

Es war, als träte mit den Tönen der Engel des Trostes unter die traurigen Menschen. Sanft und milde legten sich die Klänge ums Herz. Draußen fieng es an zu dunkeln, die Tannen dufteten süßer, denn je, das Bächlein rauschte fröhlicher, wie sonst, aber der Liebling war fort.

Als Christoph endete, stand der Pfarrer hinter ihm und drückte ihm stumm die Hand. Die Mutter saß am Fenster, sie konnte jetzt weinen, und Thränen lösen den schweren Krampf des Herzens.

Chriftoph hatte fich erboten, bei der Leiche zu wachen; die Eltern hatten dies dankbar angenommen, denn fie waren von der Pflege und Aufregung hart mitgenommen.

Es war diesmal ein ftilles Zufammenfigen gewefen bei der traulichen Lampe. Als alle zu Bett waren, fegte fich Chriftoph an das Lager feines toten Lieblings. Ihn beweg= ten fchwere Gedanken. Es war das erfte Mal, daß er den Tod wirklich gefehen hatte. Seine eigenen Eltern waren fo frühe geftorben, daß er von ihrem Sterben nichts wüßte, er hatte kaum ein Bild von ihnen.

Tot! Wie fchrecklich klang ihm das Wort, wenn er auf das bleiche Geficchtchen fchaute. All' diefe Lieblichkeit ift nun dahin! Und doch wie leicht fchienen die Eltern bei allem Schmerze das Wort zu nehmen. Ihnen ift das Kind nicht verloren, es fchläft nur; fie haben es vorausgehen laffen dorthin, wo fie alle hinkommen und fich wiederfinden wollen. Ach, wie herrlich ift der Glaube! Ift er aber nicht eine fchöne Selbfttäufchung, einem milden Schimmer gleich, welcher den Schmerz umleuchtet, aber nicht ftillt? Wer weiß es! Selig, wer nicht fieht und doch glaubt!

Tot! Einmal im Leben hatte Chriftoph doch fchon das ganze Graufen diefes Wortes empfunden.

Es war an einem trüben, regnerifchen Novembertag gewefen. Schlaff und fchwer hingen die Wolken am Him= mel, und fchwermütig fenkten die entlaubten Bäume die tropfenden Zweige zur Erde nieder. Da bewegte fich ein ftilles Häuflein durch die Straßen der Univerfitätsftadt dem

Friedhof zu. Sie trugen einen Sarg; aber kein Glockengeläute, kein Geistlicher gab dem Toten das letzte Geleit. Die
mitgingen, waren Studenten; sie verweigerten dem Bruder
die letzte Ehre nicht.

Am Grabe stellten sie den Sarg nieder und nahmen die
Mützen ab. Nach kurzem stillem Gebet senkten sie ihn hinab
in die Tiefe. Trüb klangen darauf die Töne des alten Ab-
schiedslieds durch die kalte Morgenluft:

Ist einer unsrer Brüder dann geschieden,

Vom blassen Tod gefordert ab,

So weinen wir und wünschen Ruh und Frieden

In unsres Bruders stilles Grab.

Wir weinen und wünschen Ruhe hinab

In unsres Bruders stilles Grab!

Dann polterten die Schollen hinunter auf den Sarg und
es war aus. Der Mann war ausgestrichen aus dem Leben
der Hochschule, in welchem er eine hervorragende Rolle ge-
spielt hatte. Denn er war der lustigsten einer gewesen, über-
sprudelnd von Geist und Humor, wenn die Gelegenheit es
gab, aber auch oft still und schwermütig, daß Niemand mit
ihm fertig werden konnte, in der Wissenschaft einer der ersten.

Er studierte Theologie; aus einer strenggläubigen Familie kommend hing er mit Zähigkeit an dem anererbten
Glauben und duldete auch in dem fröhlichen Kreise, den er
geistig beherrschte, nie eine frivole Aeußerung. Fast schien
es, als sei der Glaube für ihn die Lebensluft gewesen, ohne
die er nicht leben konnte.

Mit Christoph war er besonders nahe befreundet gewesen. Von den fröhlichsten Gelagen heimkommend hatten sie sich häufig noch an die schwersten Probleme gemacht. Da hatte er einmal flüchtig die Aeußerung gethan, „wer es in der Theologie mit der Wahrhaftigkeit und Lauterkeit ernst nehme, könne nichts Gescheideres thun, als sich eine Kugel vor den Kopf schießen!"

Christoph hatte das Wort nicht ernst genommen; sein Freund that manchmal solche Sprüche, über welche scherzhaft hinweggegangen wurde.

Aber es fiel ihm schwer auf's Herz, als sich nach einigen Tagen das Gerücht verbreitete, sein Freund habe sich erschossen.

Man hatte ihn tot in seinem Zimmer gefunden. Die Ursache der That ahnte Niemand. Schulden hatte er nicht; auch von einer unglücklichen Liebe wußte Niemand.

Christoph ahnte, was dem lauteren Menschen die Pistole in die Hand gedrückt hatte: dasselbe Rätsel, das er nun lösen sollte! Der Unglückliche war, wie er meinte, aus Wahrhaftigkeit abgefallen von der alten Wahrheit; ohne ihren himmlischen Verklärungsschein aber war ihm das Leben nichts mehr. Das ertrug er nicht!

Damals, als Christoph dem Freunde in das frühe Grab nachschaute, hatte ihn das Wort „tot" furchtbar geschüttelt. Ist's in der That aus, wenn einer im Grabe liegt?

Jener traurige Morgen trat ihm jetzt vor die Seele, als er einsam in der stillen Nacht an dem Bettchen seines

kleinen Lieblings faß. Ein Mondstrahl fiel auf das Gesichtchen des Kindes, und Christoph konnte sich nicht abwen-
den von den lieben Zügen. Draußen rauschten die Cannen,
zuweilen schrieen die Käuzlein, oder tönte ein Uhuschrei aus
dem Wald herüber.

„Cot!" Ja, was ists? Dann ist alles vorbei, und dies
pochende Menschenherz hat Ruhe, tiefe, kühle Ruhe; es hat
alles ein Ende, auch dies kindische, thörichte Ringen nach
Wahrheit und Klarheit.

Cot? wie lebendig lag doch das Kind da! Wie mutig
haben es die Eltern dem Himmel übergeben! Sie sind fest
überzeugt: das Kind ist nicht tot, es schläft nur!

Es kam in jener stillen Nacht wieder einer jener Kämpfe
über unseren Freund, die jeder durchmachen muß, wenn er
geistig gesunden und zum vollen Mann reifen soll.

Es ist, als schüttelte man einen bösen Craum von sich
ab, wenn man zum ersten Male alle Nebel im Lichte des
Wissens zerreißen sieht. Wie dehnt sich und reckt sich der
freigewordene Geist, wie jauchzt es auf im Herzen, wenn
ich der schönen Welt und dem reichen Leben wieder die
Hand bieten darf! Denn nur wie von Verbotenem läßt ja
ein engherziger Glaube davon naschen.

Aber wenn die Nebel zerreißen, wo ist das Land? Eis-
kalt fühle ich mich umweht auf der Höhe des vermeintlichen
Wissens, und niemand stillt mir die heiße Sehnsucht nach
einem festen und treuen Halt, mit dem ein inniger und per-
sönlicher Zusammenschluß möglich wäre. So zieht es mich

mit magischer Gewalt immer wieder hin zu dem süßen, seligen Kindheitsglauben. Ach, wer das lösende Wort fände und der harrenden Welt verkündigte! Zur Zeit muß es jeder selber suchen.

Unsern Freund übermächtigte der innere Zwiespalt. Er drückte die Hände vor's Gesicht, Thränen quollen darunter hervor.

„Herr Christus, bist du der, für den sie dich anbeten, so gib mir ein Zeichen! Ach, wie will ich alles so gerne dahinten lassen und dir zu Füßen sitzen, deinem Wort lauschen — nur Frieden und Gewißheit!

Nur um Gotteswillen jetzt nicht sterben!"

Ja, das Menschenherz ist ein trotzig und verzagt Ding. Das liebliche bleiche Kind aber, will es nicht dem kämpfenden Manne an seinem Bette sagen: „So ihr nicht werdet wie die Kinder, so werdet ihr das Reich Gottes nicht ererben?"

5.

„Wem Gott will rechte Gunst erweisen,
Den schickt er in die weite Welt!"
Eichendorff.

Christoph war in den folgenden Tagen äußerst angegriffen. Mit tiefem Leide stand er an dem Grabe des Kindes. Der Pfarrer sprach selbst das Gebet. Unwillkürlich mußte Christoph auf den ehrwürdigen Mann blicken, der, vom tiefsten Schmerz gebeugt, noch solche Kraft in sich fand. Es wurde ihm hier wieder deutlich, daß der Glaube nicht eine Sache des forschenden und erkennenden Verstandes sei, sondern eine lebendige, uns im innersten Wesen durchdringende und tragende, Kraft.

Doch fand er das lösende Wort nicht; vielmehr wurde der Zwiespalt in seinem Innern immer größer, und das Bewußtsein davon drückte so schwer auf sein Gemüt, daß er zusehends stiller und trüber wurde.

Der Pfarrer, der mit herzlicher Teilnahme seinen jungen Freund beobachtete, ergriff eine passende Gelegenheit, um demselben die Zunge zu lösen. Wohlwollend meinte er dann:

„Ich verstehe, wo es Ihnen fehlt, lieber Herr! Das kuriert Ihnen kein Arzt, und da hilft Ihnen auch kein Buch! Streben Sie, so bald als möglich, aus dem engen Leben da hinauszukommen. Sie brauchen vor allem frische geistige Bewegung! Das Leben ist der beste Doktor!"

Das schien vernünftig gesprochen zu sein. Es wurde unsrem jungen Freunde nicht schwer, durch Vermittlung eines fernen Verwandten eine Hofmeisterstelle in der großen Weltstadt P. zu erhalten.

Er schnürte sein Ränzel, und schon die Aussicht, in die weite Welt hineinzufliegen, gab ihm neue Lebenslust, und bei dem Gedanken, vorderhand keine Kanzel mehr besteigen zu müssen, atmete er wahrhaft auf.

Der Abschied von dem Pfarrhaus wurde ihm recht schwer. Als er der Pfarrerin unter der Thüre die Hand zum Abschied reichte, da schämte er sich der Thränen nicht. Zum ersten Mal bemerkte er auch durch den Thränenflor hindurch, daß Maria, das Pfarrtöchterlein, ein liebliches Kind sei und ganz die Augen der verstorbenen Elisabeth habe. Da jetzt keine Gefahr mehr war, die Flügel zu verbrennen, gab er dem schüchternen Mädchen zum Abschied freundlich die Hand. Der Pfarrer begleitete ihn noch ein Stück Wegs; dann segnete er ihn, wie einen Sohn, und nahm Abschied mit den Worten: „Bleiben Sie treu und wahrhaftig und lassen Sie sich nie um Ihr reines Herz betrügen!"

Er drückte ihm lang und fest die Hand. Dann wandte er um und schritt troß seiner Rührung mit gewohnter Würde und Gravität durch die wallenden Felder dem Dorfe zu.

Rüstig schritt unser Freund in den Wald. Ja, da war's gewesen, wo er voriges Jahr mit dem Schulmeisterlein in Sturm und Wetter heraufleuchte. Heute war ein herrlicher Sommermorgen. Goldig leuchteten die Tannenwipfel, so fröhlich sangen die Vögel in den Zweigen, so süß und so berauschend duftete der Wald — wer will es unsrem Freunde übel nehmen, daß er fröhlich aufjauchzte, nicht bloß innerlich, sondern auch äußerlich. Einen Juhschrei um den andern sandte er in den Wald hinein und lustig zwitscherten die Vögel dazu die Antwort. Er sang aus voller Kehle:

Der Mai ist gekommen, die Bäume schlagen aus,
Da bleibe, wer Lust hat, mit Sorgen zu Haus!

Ach, d a s Lied! Was rief ihm das alles in die Erinnerung zurück! Wie manchesmal waren sie mit diesem Lied in den duftigen Schwarzwald gepilgert.

Solch' ein Morgen war es gewesen, als sie einst um Pfingsten vom Feldberg herunter an den stillen, schwarzen See stiegen, in dessen dunkler, aber klarer Flut sich das Auge verliert, ohne den Grund zu finden.

Rings stehen schweigend die Tannen; aber von der Ferne hört man das liebliche Glockengeläute der waidenden Herden.

Die Freunde lösten einen Nachen vom Ufer — der Besitzer war in der Kirche — und ließen sich in den See treiben; lustig singend waren sie oben aufgebrochen, aber da unten, wo es einen so geheimnisvoll und märchenhaft anmutet, sind sie still geworden, und ihre Blicke verloren sich in den dunklen Seegrund.

Freilich am Ufer ertönte bald eine rauhe Stimme, welche sie aus ihrer Naturfeier mit grausem Fluchen aufscheuchte. Es war der Besitzer des Nachens, welcher glaubte, die jungen Leute stehlen ihm das Schifflein.

Dafür mußten die letzteren das dralle Töchterlein zum Tanz ins Seewirtshaus führen, wo eine Hochzeit stattfand, und Abends lag der grimme Vater ausgesöhnt in den Armen eines fröhlichen kostenfreien Rausches.

Um andern Morgen wars wieder hinausgegangen, ohne Ziel und Plan!

O Wandern, o Wandern, o freie Burschenluft,
Da weht Gottes Odem so frisch in die Brust,
Da singet und jauchzet das Herz zum Himmelszelt:
Wie bist du doch so schön, o du weite, weite Welt!

So wars Christoph jetzt wieder. Hinter ihm lag, was ihn gedrückt und sein Gemüt gefangen gehalten hatte. Nun ging's wieder hinein in die unbekannte Welt! Und die Welt strahlte im Sonnenschein und Blütenduft! Auch das Leben lag im Glanz fröhlicher Hoffnung vor ihm.

Als er im Waldhorn einkehrte, traf er die gewohnte Frühschoppengesellschaft beisammen. Verwundert hoben sich die würdigen Häupter: ein Vikar um diese frühe Zeit im Wirtshaus, das war schon zum Verwundern.

Der Vikar war gut aufgelegt, sein Gemüt war wie an-gehaucht von dem Sonnenschein des frischen Morgens; heute war er jedermann gut und er setzte sich unter die städtischen Mumien am Tisch. Mit großer Wichtigkeit verkündigte er denselben, daß er im Begriff sei, nach Paris zu reisen. Der Herrentisch räusperte sich darüber respektvoll; der Stadtschult-heiß rutschte sogar auf seinem Sitz voll Verwunderung und bot dem Vikar eine Prise an; der Posthalter lupfte sein Käppchen und brummte: „Mein Vater selig ist auch zu Paris hinten gewest!" Die Nähterin aber ließ die Näherei in den Schoß sinken, faltete entsetzt die Hände und schüttelte be-denklich den Kopf.

Als Chriftoph auch die Bezirksftadt, in der er fo manchen Diöcefanverein erlebt hatte, im Rücken hatte, da erft freilich war ihm fo recht wohl. Doppelt erleichtert atmete er auf und zog luftig hinein in das frifche, fröhliche Leben, zunächft in die fchöne Mufenftadt, um fich noch einige Monate auf den neuen Beruf vorzubereiten.

In die weite Welt.

I.

„Du fehnft dich, weit hinauszuwandern,
Bereiteft dich zu rafchem Flug.
Dir felbft fei treu und treu den andern,
So ift die Enge weit genug.

Goethe.

s war gegen Morgen, als der Schnellzug fich der
Barrière der Weltftadt näherte. Unfer Freund
Chriftoph Maier ftand am Wagenfenfter und blickte
unverwandt in die klare, kalte Winternacht hinaus.

In der Ferne fieht man eine lichte Wolke fchweben;
ihr fährt der Zug entgegen. Allmählich taucht aus dem
Lichtnebel Stern auf Stern hervor; jetzt fährt der Zug quer
über eine der neuen Avenuen, und unfer Kandidat fieht zum
erften Mal die endlofe Lichterreihe; wie von Meerfchaum
gebaut blinken im Mondfchein fo hell die neuen Villen und
Palais der Avenue. Unfer Freund kam fich vor wie in
Taufend und Eine Nacht; er war noch in Staunen und

Verwunderung versunken, als der Zug in den Straßburger Bahnhof einbrauste.

Christoph fuhr zusammen und suchte in Eile Haare und Kleider zu ordnen. Er wurde ja sicherlich erwartet, und für den Hofmeister hängt von dem ersten Eindruck, den seine Erscheinung macht, nahezu alles ab.

„Paris!" näselte schläfrig einer der Bahnbeamten und riß, während er geschäftig vorübereilte, die Coupéthüre auf.

Mit einem für den ehemaligen Stiftler ganz eleganten Sprung gewann Christoph den Perron und harrte einige Augenblicke der Dinge, die da kommen sollten. Gallonierte Bediente liefen ab und zu, aber um ihn wollte sich keiner bekümmern. Rasch verlor sich das Gedränge, weit und breit war keine Seele, die unsern Freund anging.

Christoph trat in einen der Wartesalons ein, denn es war noch früh am Morgen und dunkel. Aber auch hier war Niemand, der ihn erwartete.

Nach einigen stillen Betrachtungen, wie sie das aufsteigende Heimweh und das Gefühl der Verlassenheit einem jungen deutschen Gemüt einzugeben pflegt, entschlummerte unser Held auf einem der schwellenden Divans, mit welchen der Wartesalon ausgestattet war.

Als er erwachte, stand der Portier vor ihm und erinnerte ihn höflich, daß es Zeit sei, einzusteigen. Christoph rieb sich die Augen und entsann sich allmählich, wo er war. Die Miene des Portiers war höflich und sprach namentlich Eines mit sprechender Deutlichkeit aus, was sich Christoph mit dem

Worte: „Trinkgeld"!" überſetzte. Ein ſolches ſpendete er dem Edlen, und dieſer führte ihn nun doppelt gefällig aus den Gängen des Bahnhofs ins Freie und verſchaffte ihm einen Wagen.

Es war inzwiſchen Tag geworden, der Morgen war kalt und hell. Von der Kälte empfand unſer Schwabe nichts, denn es gab gar zu viel neues und intereſſantes zu ſehen. Freilich, der Morgen zeigt nur die Kehrſeite der ſchönen Genußſtadt. Die Straßen gehören noch der Arbeiterwelt, welche dem Reichen den Genuß ſchaffen muß. Da zieht der heſſiſche Gaſſenkehrer, gefolgt von dem mageren Weib und von hungrigen Kindern, aus zur mühſeligen Tagesarbeit. Arme Deutſche! damals ohne Vaterland und ohne Ehre! Von den Vorſtädten ziehen mit mürriſchen Geſichtern die Fabrikarbeiter herein; ſie müſſen ja früh aufbrechen, wenn ſie zu rechter Zeit auf dem Arbeitsplatz ſein wollen. Das ſind lauter Menſchen, die eben nicht nach Genuß und Freude ausſehen.

Trotzdem geht es ſchon früh am Morgen lebhaft und lärmend zu, das ſchwatzt und parliert zuſammen, daß es eine Freude iſt. Dazwiſchen keuchen ſchwere Laſtwagen daher, die um dieſe Zeit noch am eheſten ihr Ziel erreichen können. Der Lenker des Milchwägeleins, der Kavalier der Morgen-welt, raſſelt mit dem niedlichen Hundegeſpann pfeifend und trällernd durch das Volk — kurz für unſern Freund war es eine neue Welt, ſo bunt und farbenreich, wie er es noch nie geſehen hatte.

In bester Stimmung fuhr er am Hotel seines künftigen Chefs vor. Derselbe wohnte in einem der schönen Palais, welche den Place de l'Etoile einfassen, in dessen Mitte der imposante Triumphbogen mächtig emporragt, ein Denkmal deutscher Schmach und französischer Gloire.

Als Christoph dem Portier seinen Namen nannte, wurde er mit großer Höflichkeit in ein hübsches, behaglich aus-gerüstetes Zimmer geführt.

Im Kamin knisterte ein lustig prasselndes Feuer und Christoph rückte einen Fauteuil ans Kamin und streckte behaglich die steifen, durchkälteten Füße der gemütlichen Flamme entgegen.

Bald stand auf dem Tische vor dem Sofa ein lieblich duftendes Déjeuner. Die Bedienten flogen so zu sagen, um dem Monsieur le Docteur gefällig zu sein. Der Erzieher des einzigen Sohnes ist ja auch für die Bedientenwelt eine hoch-wichtige Person. Er ist ein „Herr", und doch verbindet ihn mit der Bedientenwelt die Fessel, die er trägt, und das Salair, das er empfängt.

Unser Freund hatte sich gestärkt und schaute, in Gedanken verloren, in die geschwätzige Flamme des Kaminfeuers, als es klopfte, und er zu dem Herrn Minister beschieden wurde.

Die erste Begegnung lief glücklich ab. Christoph war zwar keineswegs gewöhnt, sich auf dem glatten Parquet zu bewegen; aber er besaß ein feines Gefühl für das, was sich gehört. Fühlte er sich nicht sicher, so beobachtete er instinktmäßig jene Zurückhaltung, welche bei einem jungen Manne sofort angenehm berührt und für ihn einnimmt.

Der Herr Minister empfing den neuen Erzieher seines Sohnes mit der vornehmen Reserve, welche der Excellenz dem gewöhnlichen Menschenkind gegenüber zukommt, aber mit der Artigkeit, welche den gebildeten Franzosen auszeichnet. Madame war äußerst gewinnend und herablassend; es schien unserem Freund, als wollten sich ihre feuchten Augen förmlich in sein Inneres bohren, um zu erkunden, wie das Herz beschaffen sei, welchem sie ihr Teuerstes auf Erden, ihren angebeteten Sohn, vertrauen sollte.

Der Zögling selbst hatte sich schüchtern hinter den Stuhl der Mama gestellt; diese bat ihn jetzt, doch hervorzukommen und dem Herrn Doktor die Hand zu geben. Es gelang nur schwer, den Jungen zu bewegen, denn das Gehorchen war er nicht gewöhnt. Endlich streckte er dem biederen Christoph mit abgewandtem Gesicht die Hand hin. Christoph, der sich auf seinen pädagogischen Takt sehr viel einbildete und sonst so leicht den Weg zum Kindesherzen fand, fühlte sich wie auf Eiern. In der steifen, vornehmen Umgebung kam er sich blöde und unbeholfen vor. Er atmete förmlich auf, als sich die Flügelthüren des Empfangssalons wieder hinter ihm geschlossen hatten.

Mit dem Plane, als eine Art zweiter Graf Reinhardt nach Deutschland zurückzukommen, mit dem er vor den Herrenstäblern im Waldhorn so übermütig gethan hatte, sah es noch windig aus. Vielmehr hatte es sich gar kühl um sein warmes Schwabenherz gelegt; er hatte den Bann der hohen Gesellschaft empfunden; die vornehme Welt atmete anders, als er es sich gedacht hatte.

Wie er sich daran machte, seine Habseligkeiten auszupacken und einzuräumen, kam der kleine Henri, sein künftiger Zögling, heruntergesprungen, um, wie Mama befohlen hatte, dem Herrn Doktor ein wenig zu helfen. Mit dem Helfen war es nun freilich nicht viel; aber Christoph fand jetzt, da er mit dem Jungen allein war, und sich nicht beobachtet fühlte, leichter den Weg zu dem Herzen desselben.

Henri war ein schön gewachsenes Kind mit edlen, feinen Zügen und hellem, offenem Blick. Er war sehr schüchtern und, wenn er sich für unbeobachtet hielt, während der Doktor einräumte oder auspackte, suchten seine großen Augen immer wieder den neuen Lehrer auf.

Die beiden fanden sich bald, denn Christophs leichte, gewinnende Art benahm dem Kinde, das sich stets in Ceremonien bewegen mußte, alle Schüchternheit.

Vor Tisch nahm er den Jungen auf einen Spaziergang mit; er freute sich selber über all' das Neue, Großartige, das ihm hier entgegentrat. An seiner Freude entzündete sich die Freude und das Interesse Henri's; er wurde nicht müde, Dinge zu bewundern, als sähe er sie zum ersten Mal, während er sie doch schon so oft gesehen hatte. Als man zum Diner ging, waren Lehrer und Zögling schon ganz gut Freund. Henri klammerte sich mit leidenschaftlicher Innigkeit an seinen Lehrer und plauderte wichtig auf ihn hinein, bis Madame erschien und das Zeichen zum Beginn des Diners gab. Christoph sah, wie ein wohlwollender Blick aus den Augen der hohen Frau über ihn hingleitete. Mit dem Herzen des Kindes hatte er das der Mutter gewonnen. Denn eine Mutter denkt, wen ihr Kind lieb habe, der könne kein böser Mensch sein.

Bei Tisch waren mehrere Gäste von Distinktion geladen.

Man sprach über Deutschland; damals gerade hatte Deutschland wieder einen großen Mann gewonnen, und das Wort Sadowa lag in Frankreich auf aller Zungen. Deutsche Verhältnisse, deutsche Anschauungen und Gedankenzüge bildeten einen Gegenstand eingehenden Interesses in der feinen Gesellschaft. Der junge Schwabe war den Herren um so interessanter, als sie in Schwaben lebhafte, französische Sympathien vermuteten. Als er jedoch bescheiden und ruhig seine eigene deutschnationale Gesinnung bekannte und nachdrücklich betonte, daß Frankreich gegenüber ganz Süddeutschland einig sei, so verwunderten sich die Herren höchlich und blickten sich untereinander bedeutungsvoll an. Dem jungen Schwaben nahmen sie seine Ansicht durchaus nicht übel; vielmehr hatte er dadurch in ihren Augen nur gewonnen; denn nichts ist dem gebildeten Franzosen unbegreiflicher und verächtlicher, als der Mangel an Vaterlandsgefühl und Heimatstolz.

Am Abend war unser Freund förmlich über sich selbst erbaut. Der Graf Reinhardt tauchte im Hintergrund seiner Vorstellungswelt schüchtern wieder auf.

2.

„Was hülfe es den Menschen, wenn er die ganze
Welt gewänne und nähme Schaden an seiner Seele!"
Matth. 16, 26.

Der schwäbische Vikar war in der fröhlichen Weltstadt
bald abgestreift. Christoph fand sich in den Formen der
großen Welt merkwürdig schnell zurecht. Sein elastisches
Naturell und ein gewisses Nachahmungstalent machten ihm
die Angewöhnung überaus leicht. Seine musikalischen Fertig-
keiten führten ihn empfehlend in den Salons ein und machten ihn zu einem gesuchten Gast in den feinsten Kreisen.
Nirgends wird ja das Talent, die Begabung so rückhaltlos
geehrt, wie in dem französischen Gesellschaftsleben.

Ohne sich dessen bewußt zu sein, sog Christoph die Luft
des reinen Genusses immer mehr in sich, der Zerstreuungen
und Vergnügungen war zeitweise kein Ende.

Dabei erfüllte er, wenigstens äußerlich, seine Pflicht mit
Gewissenhaftigkeit und Treue. Henri war ihm ans Herz
gewachsen, er liebte den frischen, reinen Knaben herzlich und
schenkte ihm den ganzen Tag. Die Resultate, welche der
Unterricht schon nach wenigen Monaten aufwies, zeugten von
dem Fleiß und von der Tüchtigkeit des Lehrers.

Henri bestand mit seiner zähen Innigkeit darauf, daß
Christoph ihn überallhin mitnehme. Dem letzteren war es
ein ganz besonderer Genuß, mit dem frischen Burschen die
schönen Museen der Weltstadt zu besuchen, und zu beobach-
ten, wie das junge Gemüt alle die großartigen Eindrücke in

sich aufnahm. Die goldenen Heiligenscheine der älteren Schule hielt der Junge freilich anfangs für Strohhüte, und die berühmte „Hochzeit von Cana" im Louvre war ihm eben ein „großes Diner", bei dessen Anblick er sich nur darüber den Kopf zerbrach, was die Leute wohl essen.

Christoph machte dem Jungen zu lieb manchen Gang in die freiere Natur, welche sich im Boulogner Gehölz dar·bot. Freilich es war eine Natur, die von der Gesellschaft fast zugedeckt wurde. Täglich gab sich hier die große Welt rendez-vous. Anfangs findet das Auge keine Ruhepunkte in dem bewegten Treiben. Bald gewöhnt man sich daran, und wie ist der Eindruck, den einem das farbenreiche Bild zurückläßt, schließlich so ein öder! Die meisten Gesichter in den glänzenden Karossen sehen so gar verschlafen und freud·los, so gar gelangweilt drein!

Dann und wann sahen die beiden Spaziergänger den Kaiser. Henri jubelte jedesmal und schwenkte die Mütze. Für Christoph war es ein eigentümlicher, schließlich weh·mütiger Anblick. Mit Mühe bahnten die Vorreiter dem kaiserlichen Wagen einen Weg durch das Wagengewühl. Im Wagen saß der Gefürchtete fahl und trüben Blicks, neben ihm die Kaiserin, die Grazie selbst. Beide grüßten, aber fast Niemand grüßte wieder, ja man hörte hinter dem Wagen her fluchen. „Du armer Mann!" mußte Christoph manchmal denken, während sein Henri dem Herrscher zu·jauchzte und glücklich war, wenn die Kaiserin ihm freundlich zugelächelt hatte.

So waren Christoph und Henri den Tag über unzertrennlich bis zum Diner. Von da an war er sein eigener Herr. Da aber in Paris der Gesellschaftstag erst um 6 Uhr beginnt, so hatte Christoph alle Gelegenheit, die Genüsse der Weltstadt mitzumachen. Ging's nicht in die Gesellschaft, so ging's in eins der vielen Theater, anfangs aus Lerntrieb, um der französischen Sprache mächtig zu werden, später aus reinem Unterhaltungsbedürfnis.

Es ist der Fluch des Genußlebens der großen Städte, daß es uns nie ausfüllt, sondern einen peinigenden geistigen Hunger zurückläßt trotz der Uebersättigung, die es uns bringt; es reizt, aber es zehrt auch, denn es giebt uns nichts. Tausend Bilder der fesselndsten Art läßt es an uns vorüberziehen, aber die große Masse derselben überflutet den Wahrnehmungssinn, so daß nichts haften bleibt. Kommt man nach solch einem Gang übersättigt nach Hause, so hat man nichts mit heimgebracht, ist nicht reicher geworden, sondern man fühlt sich im Gegenteil entsetzlich abgespannt und ausgesogen.

Anfangs steht der Neuling dem scheinbar so großartigen Leben forschend und beobachtend gegenüber: er will lernen, will studieren und macht deshalb mit, gleichsam aus Pflichtgefühl. Bald verwirrt sich der Blick im Zuviel und im Vielerlei; der Sinn wird flacher und stumpfer, und zuletzt bleibt nur noch die blasierte Neugier, die in die Menge der Vorübergehenden starrt, um prickelnde Neuigkeiten zu erhaschen und dem abgestumpften Geiste wieder etwas zuzuführen.

So erklären sich die vielen unsäglich nichtssagenden Gesichter, mit welchen die Restaurants auf den Boulevards besetzt sind; so erklärt sich auch die kindische Freude und scheinbar naive Neugier, mit welcher das unscheinbarste Vorkommnis des Straßenlebens begafft und besprochen wird.

Gegen solche geistige Vergeilung, die mit öder Ausgelebtheit endigt, schützt nur die strenge Sammlung der geistigen Thätigkeit auf einen bestimmten Punkt. In großen Städten sollte man es sich vornehmen, von Zeit zu Zeit ein gutes, den Geist in Zucht nehmendes Buch zu studieren, und jedenfalls ist dem Neuling das strengste Maßhalten und die sorgfältigste Auswahl in Beobachtung und Genuß zu empfehlen.

Für edlere Naturen, die den sogenannten Versuchungen der Großstadt gegenüber ohnehin fest bleiben, ist diese Gefahr der geistigen Ueppigkeit und Ausschweifung sehr groß.

Für Christoph bildete gegen diese Tendenz der Außenwelt, den Geist aufzusaugen, der Beruf ein gesundes Gegengewicht. Wer jeden Morgen wieder einer Kindesseele gegenübertreten muß, für deren Heil er verantwortlich ist, der ist genötigt, sein Selbst gewaltsam zusammenzuraffen und den Schwerpunkt seines Wesens, wenn er ihn verloren hat, mit aller Macht wiederzugewinnen. Der Erzieher hat einen Spiegel seiner selbst im Zögling; zwischen beiden besteht eine wunderbare Sympathie: jede Störung des Gleichgewichts im Lehrer äußert sich sofort im Wesen des Kindes und wirkt auf den Unterricht störend ein. Der Zögling ist unbewußt der strengste Richter seines Lehrers.

Chriſtoph machte dieſe Erfahrung zu wiederholten Malen, denn es kamen immer häufiger Tage, welche ihm nur ſaure, freudloſe und fruchtloſe Mühe brachten. Aber ſtatt prüfend bei ſich ſelbſt Einkehr zu halten und ſich gewiſſenhaft zu fragen, ob die Urſache der Unluſt und Lähmung nicht viel‧leicht zum größten Teile in ihm liege, in ſeinem zerſtreuten, zerfahrenen Geiſtesleben, ſchob er nach Menſchenart alle Schuld auf den Zögling, den er dann für launiſch und trotzig hielt. Der arme Junge, der mit leidenſchaftlicher Zärtlich‧keit an ſeinem Lehrer hieng, konnte es ſeinerſeits rein nicht faſſen, warum dieſer ihn plötzlich ſo ungeduldig und hart behandelte.

Dann und wann tauchte in Chriſtoph der Gedanke auf, daß er ſelber die Schuld an allem trage, daß er ſich faſſen müſſe; und wirklich, wenn er wieder ernſtlich an ſich ge‧arbeitet hatte, giengs auch wieder mit Henri beſſer und freudiger voran. Nur meinte Chriſtoph leider der Arbeit an ſich ſelbſt durch die Führung eines Tagebuchs genug zu thun, während er unwillkürlich in demſelben ſeine Pflicht‧verſäumniſſe als edle, künſtleriſche Schwärmereien darſtellte und ſo vor ſich ſelbſt entſchuldigte. Sein Tagebuch glich dem Feuilleton eines Journals; der ſtrenge Geiſt der Selbſtbe‧obachtung und Selbſtkritik verlor ſich mehr und mehr daraus.

Um ſo mehr wandte ſich unſer Freund dem Leben der großen Welt zu, ja, er gieng allmählich ganz darin auf. Seine künſtleriſche Begabung fand in der geiſtſprühenden Geſellſchaft, in welche er durch die Empfehlungen ſeines

Chefs eingeführt worden war, die reichste Nahrung, und mit ganzer Seele huldigte er der schönen Kunst. Es war also ein durchaus edles und gebildetes Genußleben, in dem sich Christoph bewegte. Gleichwohl konnte er sich zeitweise einer gewissen Leere nicht erwehren. Die Ursache davon schrieb er seinem gegenwärtigen Berufe zu, dessen Fesseln ihm von Tag zu Tag unerträglicher wurden. Diese Fesseln abzuschütteln, die Freiheit des Künstlers zu gewinnen und die eigenen Flügel zum Fluge zu heben, dieser Gedanke stand zuweilen lockend vor seiner Seele.

Zu solchen hochfliegenden Gedanken wurde er durch den Umgang mit bedeutenden Künstlern angeregt, welche den Salon der Gräfin Jarontini zierten, in welchem Christoph ein regelmäßiger Gast war. Sie ließen es den jungen Deutschen öfter merken, daß sie nicht begreifen könnten, daß ein junger Mensch mit solchen Gaben sich mit der Hofmeisterei abmühe. Eine glänzende Zukunft stände vor ihm, wenn er nur ernstlich wollte, wenn er nur den Mut hätte, die Fesseln zu zerreißen und die Brücke hinter sich abzubrechen.

Insbesondere war es ein geistvolles Mädchen, welches ihm mit solchen Aufmunterungen zusetzte; dieselbe bildete sich zur Sängerin aus und stand unter der besondern Protektion der Gräfin.

Unser guter Deutscher kannte sich oft selbst nicht mehr; er konnte nicht mehr unterscheiden, wie viel von solchen Reden eben der bloßen Konversation angehörte, er nahm alles für bare Münze und steigerte sich immer mehr in die neue Gedankenrichtung hinein.

Das alles wäre ja an sich ganz unschuldig gewesen! Wenn aber der Mensch über dem Träumen und über dem Ausschauen nach hohen Dingen verlernt, den eigenen Platz auszufüllen und den nächsten Aufgaben ganz zu genügen, so ist das vor dem Richterstuhle des Gewissens — eine Sünde.

3.

„Den Seinen gibt er's schlafend."

Eben kam Christoph von dem Salon der Gräfin Jarontini. Sie hatten dort wieder einmal in deutscher Musik geschwelgt. Christoph hatte mit leidenschaftlicher Erregung seine Lieblinge von Robert Schumann vorgetragen. Ein großer Künstler war auf ihn zugetreten, hatte seine Hand ergriffen und ihn auf das Dringendste gemahnt, sich doch der herrlichen Kunst nicht zu entziehen, sondern je eher je lieber ganz zu ihr überzugehen. Die junge Sängerin, die mit tiefer Andacht dem Gesang zugehört hatte, hatte ihr begeistertes Lob mit dem des angesehenen Meisters vereint und dem Jüngling, der vor Verlegenheit nichts zu sagen wußte, gewinnend zugelächelt.

Als er sich nun auf der Straße befand, fühlte er sich höchst unglücklich. „Wenn solche Aussichten sich vor mir aufthun, warum soll ich denn ewig ein Sklave bleiben? In die alten Verhältnisse kann und will ich ja doch nicht zurück!" Er faßte den Entschluß, dem Minister unter allen Umständen aufzukündigen, und versenkte sich in glänzende Zukunftsträume.

Es war ihm jetzt noch nicht möglich, in sein enges Zimmer zurückzukehren. Er schlenderte daher noch über die Boulevards hin und mischte sich in die plaudernde und lärmende Menge, die sich dort um Mitternacht am lebhaftesten drängt.

Aber die Menge störte ihn heute in seinen Gedanken; das Wagengerassel, das unbehagliche Schieben und Geschobenwerden, das unerquickliche Geplauder um ihn herum und das unaufhörliche Brausen ließ ihn nicht zu geordnetem Nachdenken kommen.

Er suchte daher einsamere Plätze auf und gieng durch die dunkleren Seitengassen den Ufern der Seine zu. Der großstädtische Lärm konzentriert sich ja hauptsächlich auf gewisse Plätze und Straßen; unmittelbar aus ihrem Lärm und Glanz heraus tritt man in stille Gassen, die im Gegensatz zu dem lärmenden Wogen nebenan den unheimlichen Eindruck des Ausgestorbenseins machen.

Auf dem Quai war's verhältnismäßig finster und still. Der Strom rauschte melancholisch daher; in seinen kühlen Fluten hat schon so manche gebrochene Existenz ihr Ende gefunden. Unserem Freunde lagen freilich solche Gedanken ferne; sein Herz war erfüllt mit Zukunftsträumen, seine

Phantaſie malte ihm fröhliche, glänzende Bilder vor die Seele.

Wie er träumeriſch dahin ſchlenderte, ſtieß ſein Fuß auf etwas Feſtes; unwillkürlich aus ſeinen Träumen aufgeweckt bückte er ſich zu Boden: eine dunkle Maſſe lag vor ſeinen Füßen. Chriſtoph ſchauerte zuſammen, denn ringsum war's öd und ſtill. Er war auf eine — Leiche getreten. Dergleichen kann einem in Großſtädten wohl einmal paſſieren. Chriſtoph aber traf dieſer Zufall im Innerſten. Während er in Träumen blühendſten Lebens ſich ergieng, trat ihm der Tod jäh vor Augen.

Chriſtoph gieng zum nächſten Poſten und meldete den Vorfall. Die Sergeanten nahmen den Toten auf und trugen ihn weg mit der Gleichgültigkeit und Gemütsruhe, welche die Vertrautheit mit ſolchen Vorfällen gewährt.

Chriſtoph blieb zurück; aber ſeine Träume waren zerriſſen. Er lehnte gedankenvoll an der Brüſtung des Quais. Wie Mehlthau hatte ſich auf ſeine blühenden Hoffnungen gelegt; wie ein Krampf hatte es plötzlich ſein Gemüt erfaßt. Er blickte hinunter in die rauſchenden Fluten des Stroms: jeden Tag melden die Blätter von ſolchen, die da unten Ruhe geſucht haben vor dem Elend der Großſtadt; über wie viele zerbrochene Hoffnungen, über wie viele ſtille Laſter und Verbrechen rauſcht der Strom hinweg, wie viel unſagbares Elend begräbt er in ſeinen Wellen! Da drüben, ſo ganz nahe, auf den glänzend erleuchteten Boulevards nichts als fröhlicher Genuß, tolle Freude, Leichtſinn und Laſter, hier die Frucht, das Ende: der kalte Tod, das feuchte Grab. Warum kamen diese Gedanken immer wieder, warum legte sich die Kette derselben so beengend um das Gemüt unseres Freundes? „Du träumst von Ruhm und Ehre, träumst von Genuß und glänzendem Leben — und wenn du jetzt sterben mußt? Wenn sie dich so gleichgültig unter schlechten Späßen vom Pflaster aufheben und auf die Morgue tragen, wer fragt nach dir? Die Wellen rauschen weiter, du bist hin und vergessen. Du suchst Nichtiges, du bist verirrt, denn du erschrickst vor dem Tod!"

Ernst ragte auf der Insel über dem Strome drüben die dunkle Masse der Kathedrale von Notre-dame zum Himmel. Der Mond gieng eben auf und laue Frühlingslüfte wehten. Es war stiller und stiller geworden. Nur dann und wann rasselte noch ein Wagen vorüber, der einen verspäteten Gast nach Hause brachte, und wie aus weiter Ferne tönte der Lärm der Boulevards verloren ans Ohr. Da begannen drüben auf der Insel die Glocken der Notre-dame zu läuten; die Töne klangen feierlich über die Stadt hin, vom tiefen gewichtigen Vollton bis hinauf zum höchsten, dessen silberne Stimme in lebhaften Schwingungen mitjubelt im Chor. Sie läuteten das Fest ein. Morgen war ja Ostern. Nur wenige hörten das herrliche Geläute. Wer hätte auch Lust und Zeit dazu? Hier aber hörte es Einer, und dem drangs tief zu Herzen!

Ach, wie lange hatte er kein Glockenläuten mehr gehört! Wie war ihm der traute Klang im Lärm der Großstadt

so fremd geworden! Der Ton schnürte ihm die Brust zusammen. Mit dem Glockengeläute wird eine heilige Welt
in uns wach. Alle die süßen Bilder und Gestalten der Jugend treten vor die Seele; M u t t e r — das Wort trat
Christoph auf die Lippen, und er weinte bitterlich. Ihm
war, als blickte ihr treues Auge wehmütig und trauervoll
auf ihn.

Weg war da mit einem Male der blendende Zauber,
der ihn bisher gefangen gehalten hatte. Es war ihm, als
erwachte er aus einem bangen Traum.

Langsam gieng er nach Hause. Süß dufteten schon die
frischen Blumenbeete in den Champs-Elysées — denn Paris
läßt den Frühling bald in seine Mauern herein — aber Christoph merkte es nicht. Oben, auf der Höhe des Platzes vor
dem Triumphbogen, wehte der Nachtwind kalt und frisch.
Das that ihm wohl.

Als er in seinem Zimmer angekommen war, schlich er
sich noch ins Nebenzimmer und beugte sich über das Bett
Henri's; der Knabe schlug die leuchtenden Augen auf und
sah ihn voll und groß an; dann schloß er sie wieder und
träumte weiter; sein Mund lächelte. Christoph küßte ihn
auf die Stirne und gieng leise in sein Zimmer zurück. Er
blieb noch lange sitzen; er hatte sich wiedergefunden. Sein
Tagebuch sagt es:

„Die Glockentöne haben mich aufgeweckt; kein Wunder,
daß ich erschrocken bin, wie der Nachtwandler, der angerufen
wird. Ach, ich war auf einem bösen Irrweg. Zu stiller,

gehorſamer Treue weiſt es mich jetzt! Fliehe, fliehe den be-
rückenden Zauber, das iſt nichts für dich!

„Ich habe mir Treue gelobt; ich will dem folgen, der
mich aufgeweckt hat, freudig und gerne will ich mich von
ihm führen laſſen; hab' ich doch geſpürt, daß ſeine treue
Hand mich ungeſehen hält.

„Das heißt ja nicht leben, mitzutanzen den beſinnung-
raubenden Reigen, aufzugehen im verzehrenden Feuer der
Weltluſt, des Ehrgeizes und der Ruhmbegierde. Was iſt
das rotſchimmernde Licht des Salons, wenn der Tag kommt?
Friede will ich haben, Friede will ich ſuchen! Nicht im er-
regenden Geplauder, nicht in den blitzenden Augen fand ich
den Frieden; wenn ich es meinte, war's flüchtige Selbſt-
täuſchung; ich will ihn ſuchen bei dem, der ſelber bis in den
Tod treu geweſen iſt.“

Es war weit über Mitternacht, als Chriſtoph ſich erhob,
um zu Bette zu gehen. Mechaniſch ergriff er das neue Te-
ſtament, das von der Unterrichtsſtunde her vor ihm auf dem
Tiſche lag, und ſchlug auf. Sein Blick fiel auf die Worte:
„Es kam vor Jeſu, daß ſie ihn ausgeſtoßen hatten, und da
er ihn fand, ſprach er zu ihm:“ „„Glaubeſt du an den Sohn
Gottes?““ „Er antwortete und ſprach:“ „„Herr, welcher iſt's,
auf daß ich an ihn glaube?““ „Jeſus ſprach zu ihm:“ „„du
haſt ihn geſehen, und der mit dir redet, der iſt's!““ „Er aber
ſprach:“ „„Herr ich glaube!““

Chriſtoph war von dem Worte tief betroffen. Er wollte
eben die Lampe nehmen, um zu Bett zu gehen, da war ihm

plötzlich, als legte sich eine Hand auf seine Schulter, er sah sich um und schaute in ein treues, wohlbekanntes Gesicht; Müdigkeit und Schlaftrunkenheit hatten ihn wachend träumen gemacht. In seinem Herzen jubelte es: „Es ist der H e r r!" Ihm sank er zu Füßen und küßte den Saum seines Gewandes, halblaut flüsternd: „Mein Herr und mein Gott!"

Die Lampe verlöschte; unser Freund war eingeschlafen.

Am Abend darauf.

Es verlangte mich heute früh, recht mit mir und meinen Gedanken allein zu sein. Ich gieng daher ins Boulogner Gehölz. Wie stille und friedevoll war's an dem von Tannen umkränzten See; weit und breit war keine Menschenseele; sie schlafen alle noch. Ueber der Stadt schwebte eine Dunstwolke; im Walde schien die Morgensonne hell und freundlich. Auf dem See zog ein schwarzer Schwan ruhig seine Kreise. Ach, wie that mir die ungewohnte Stille so unendlich wohl. Ich setzte mich am Ufer des See's nieder. Da fiengen sie in Passy drüben zu läuten an. Eine goldene Zeit stieg vor meiner Seele auf. Ich saß wieder als kleiner Knabe im Garten und spielte mit den Schwestern. Die Sonne blickte so fröhlich durch die blühenden Bäume. Die Eltern waren zur Kirche gegangen. Wie es nun ausgeläutet hatte und die Vögelein die letzten verklingenden Glockentöne aufnahmen und zwitschernd und trillernd davontrugen, wie wir von der Ferne her den tiefen Ton der Orgel vernahmen, da ist uns Kleinen ganz feierlich zu Mute geworden. Wir faßten uns an der Hand und setzten uns nieder ins Gras;

dann setzte ich die Mütze verkehrt, den Schild nach hinten zu, auf, damit sie einem Barett gleiche, und predigte ganz alt-klug aus dem Bilderbuche. Andächtig lauschten die Schwe-stern, und nach beendigter Predigt sangen wir mit großem Ernste in die ewige Bläue hinein: „Ich hatt' einen Kame-raden", „Kommt a Vogerl geflogen", „Alles neu, macht der Mai", kurz, was die kleinen Kehlen eben gerade konnten. Das war meine erste Predigt gewesen.

Später faßte ich einen tiefen Haß gegen die Kirche und alles, was mit der Kirche zusammenhieng. Es war im Kloster; man beorderte uns dort zwangsmäßig zu Kirche und Abendmahl, wir arbeiteten uns deswegen in eine tiefe Verbitterung hinein.

Wie manchmal hörte ich die Glocken der Klosterkirche läuten, und der herrliche Klang erfüllte mich mit Haß und Grimm. Im Grase zu liegen neben dem Storchenthürmlein, das einst dem trotzigen Götz von Berlichingen als Warte ge-dient hatte, oder im Wald unter den alten, rauschenden Bäu-men den Spinoza zu studieren, das war damals mein Gottes-dienst. Angesichts der ewigen und wahrhaftigen Natur ver-senkte sich der Geist in die ewige Substanz und wie in einer neuen, lichten Welt hob er trotzig die Schwingen.

Noch andere Bilder zogen am inneren Auge vorüber. Mit fliegenden Fahnen sind wir hinausgezogen, uns unter den duftenden Linden am silbernen Neckar zu lagern. Wenn wir da unter den Klängen der höchst verwerflichen Stadtmusik und im fröhlichen Rundgesang alle Sorgen, sag' besser alles

und jedes ins schäumende Glas versenkten, wenn wir jauch-
zten und johlten, Brust an Brust, umleuchtet von lauter glück-
lichen Gesichtern, umlärmt von fröhlicher rauschender Lust,
und wenn dann schwärmend das träumende Auge durch die
leis bewegten Baumwipfel hinausschweifte ins ferne, lichte
Blau — ach, da waren es gewiß nicht die „Prinzipien",
die uns den Sturm seliger Gefühle im Herzen weckten, da
war's auch nicht bloß das Gefühl der „Verbrüderung" und
der „ewigen freundschaft", was uns so „weit über alles
Gemeine emporhob", sondern das Gefühl, daß wir die auf-
gehenden Knospen sind an dem Gotteswunderbaum der Welt!
Das war es, was in uns drängte und wogte, was uns machte
aufjauchzen in übermütiger Lust, was uns ließ ewige Treue
einander schwören und schwelgen in süßem, unendlichem Blöd-
sinn.   Sind sie verloren, diese Stunden? Nein, tausendmal
nein! Denn da ist mir im Herzen aufgegangen die Liebe
zum All', und da hat sich mir vom Herzen gelöst der Bann
der trüben Gottes a n g st, in der wir sind erzogen worden,
und die doch nichts weniger ist, als die Gottesfurcht der
K i n d e r Gottes, die seiner Sonne und seiner herrlichen
Schöpfung sich dankbar und unbefangen freuen können. Drum
sag' ich auch jetzt noch, da ich über so Manches in der Stille
lächeln muß. was wir mit ungeheurer Wichtigkeit betrieben:
„Es reut mich das alles nicht!" Ach, die goldene Zeit flieht ohne-
dies so schnell vorüber und das bischen Liebe und Idealität und
das bischen freiheitsgefühl kann man später gar so gut brauchen! Es war trotz allem der Mühe wert, zu schwärmen. —

Henri kam und weckte mich aus meinen Träumen. Mir ist heute so wunderbar wohl zu Mut wie einem, der nach einer langen Krankheit zum ersten Mal wieder die Blumen blühen sieht und ihre süßen Düfte einatmet.

Abends gieng ich in die freie Kirche. Der Geistliche redete, wie für mich. Er sprach über die Demut und Treue Jesu: „Was hat ihn groß gemacht, was hat ihn dazu befähigt, der Erlöser der Menschen zu werden? Das, daß er in jedem Augenblick mit dem ganzen Herzen und der ganzen Kraft das that, was sein Vater ihm zu thun aufgab, und nie darüber hinaus schielte; daß er in jeder, auch in der unscheinbarsten Pflicht, welche jeder Tag brachte, den Willen des Vaters erkannte und that. Sage heutzutage zu einem Staatsmann, zu einem Weisen: wähle dir zwölf einfache Männer aus dem Volk und gründe mit ihnen das Reich Gottes; diesen Männern vererbe, was die Frucht deines Lebens und Strebens ist; an ihnen erziehe und bilde mit der vollen Kraft und Treue — würde Einer darauf eingehen? Er aber, der die Aufgabe hatte, die ganze Welt zu erlösen, begann im verachteten Galiläa, begann mit zwölf Fischersleuten; wie arbeitete er so treu und unermüdlich, wie trug er ihre Schwerfälligkeit so geduldig und sanft — der Vater wollte es so".

Ja, große, weltbewegende Thaten zu thun, große Opfer zu bringen im Sturme der Begeisterung, das ist leicht; aber Treue zu üben im Kleinen und Einzelnen, die Treue zu halten unter den täglichen Launen und Verstimmungen der Menschennatur, die Treue zu halten auch im Verborgenen, im engen Kreife, wo Niemand es anerkennt oder auch nur wahrnimmt, das ist schwer, dazu braucht man einen Führer und Halt. Ruhmesthaten und Opfer machen groß, die Treue aber macht gut und macht f e l i g.

Es ist wunderbar, daß die sogenannten theologischen Gegensätze mich jetzt gar nicht mehr anfechten. Gottmensch, Menschgott, Theocentrisch, Anthropocentrisch 2c. das ist mir alles ganz gleichgültig. Weiß ich doch, daß Er lebt, spüre ich doch, daß Er eine K r a f t ist, wenn man sich rückhalt· los seiner Führung hingibt.

* ⁎ *

Warum sehe ich alles jetzt in anderem Lichte? Die Ge· sellschaft, in welcher mich zu bewegen mir bisher die größte Lebensfreude schien, kommt mir manchmal öde und schal vor. Gehe ich spät nach Hause, so muß mir der Zufall immer Ge· stalten in den Weg führen, deren Anblick mich mit tiefer Trauer erfüllt und mich dem großen Leben der Weltstadt innerlich noch mehr entfremdet. So sah ich vorgestern im Mondschein einen Arbeiter: er stand unter der Thüre eines Hauses und ballte die Fäuste gegen die erleuchteten Fenster des Palais auf der anderen Seite der Straße; das bleiche, verzweiflungs· volle Gesicht vergeß' ich nie wieder! Heute sah ich einen jungen Menschen, der noch vor einem halben Jahr die Ju· gendkraft selber war; ich kannte ihn fast nicht wieder; er mied es auch sichtlich, mit mir zu sprechen; er trägt den Tod

auf der Stirne. Wie wird seine arme Mutter in Deutschland jammern, denn der junge Sohn ist ihr Stolz und ihre
Hoffnung.

* . *

Daß ich i h m dienen will, das steht mir fest, aber wie?
In dem, was der Tag jedesmal vorzeichnet? Auch wenn die
innere Lust dazu fehlt? Einer der Herren erzählte gestern,
da man über die Engherzigkeit des jüngeren Klerus sprach,
eine Geschichte, die sich in einem französischen Sagenbuch
finden soll und die mich gar seltsam berührte. Es war einmal ein Menestrel, der sein Leben lang mit Jongleurskünsten
zugebracht hatte: Luftsprünge, kunstreiche Purzelbäume und
Gliederverrenkungen aller Art waren seine Aufgabe gewesen.
Da erwachte in dem guten Menschen der Hunger nach Gott,
er nahm die Kutte und gieng ins Kloster. Aber da fand
er den ersehnten Frieden auch nicht; er konnte nicht lesen,
nicht singen, konnte noch weniger lateinisch singen. Während
die anderen ihres Berufs warteten mit geistlichem Gesang
und Lesen, mußte er müßig gehen. Das drückte ihn. Da
führte ihn einmal Gottes Hand in eine unterirdische Kapelle
vor das Bild der heiligen Jungfrau, und während sie über
ihm die Messe anstimmen, kommt ihm der Entschluß: auch
ich will thun, was ich gelernt habe, in ihrem Heiligtum der
Mutter Gottes dienen nach meinem Vermögen und Beruf:
dienen ihr die Andern mit Singen, so will ich ihr dienen

mit Springen. — Er legt sein Gewand am Fuße des Altares nieder, behält nur ein leichtes Unterkleid an, das er sich mit dem Gürtel festschnallt. Darauf sagt er dem Muttergottes- bild, wie er's meine, und thut nun seine schönsten Sprünge und Purzelbäume, niedrige und hohe, kleine und große, erst vorwärts, dann rückwärts; ausschnaufend verrichtet er ein Stoßgebet; dann nimmt er die Arbeit wieder auf; er thut den französischen Sprung, den Metzgersprung, kurz die selten- sten und schönsten Sprünge, die er je geübt; er schlägt die Füße in die Luft, läuft auf den Händen her und hin, und weint dabei, weil er ein rechtes Gebet nicht kann; zuletzt thut er einen Sprung, über den er selbst als „Künstler" staun- nen muß. So treibt er's, bis die Messe zu Ende geht. Da ist auch seine Kraft erschöpft, er sinkt vor dem Bilde nieder und sagt: „Jetzt, liebe Frau, kann ich nicht mehr! Aber ich komme wieder!" Und in treuherzigem Eifer übt er seine Mariensprünge täglich, so oft Messe ist. Und siehe, die Mutter Gottes steigt aus dem Bilde heraus zu ihm nieder und wischt ihm jedesmal den Schweiß von der Stirne.

Das ist eine köstliche Geschichte. Jeder soll seinem Gott dienen, so wie er's kann! Kein Beruf ist sündig, wenn er mit lauterem Sinne getrieben wird. Wenn das doch unsere Pharisäer und Schriftgelehrten bedächten!

Für mich wäre der Beruf des Künstlers zur Sünde ge- worden, weil ich den Ehrgeiz zu meinem Gott gemacht hätte; deßwegen allein hat mich der herausgerissen, der mein Herz besser kennt, als ich selber. Ich gehöre in die Enge, in kleine Kreise; anderen mag das weitschweifende, große Leben ziemen! Aber keiner mißachte den andern!

* * *

Bin denn ich hier in meinem Berufe? Freilich kein Beruf ist sündig, in dem einer Gott dienen kann, und das thue ich doch, wenn ich mich um diese junge Seele mühe und ihr helfe, sich nach dem Lichte zu strecken. Sündig ist nur ein solcher Beruf, der es einem Menschen unmöglich macht, Gott zu dienen und seine Sache zu fördern, der einen in Gegensatz zu Gott und seinem Reich bringt. Das kann man vom Berufe des Künstlers wahrlich nicht sagen, wenn nur der Künstler der rechte Mann ist; viel weniger vom Hofmeister-, vom Erzieherberuf! Richtig ist es, daß es Berufe gibt, die dem einen gefährlicher und versuchlicher sind, als dem andern. Aber das liegt doch in erster Linie am Menschen selbst. Was mir gefährlich geworden ist, das ist nicht mein Beruf, sondern die Großstadt und mein Ehrgeiz, mein falscher Idealismus und Enthusiasmus. Also gilt es, gerade jetzt erst recht auszuhalten, auf mich Acht zu haben, mich in der Treue zu üben!

* * *

Wie unsäglich schwer ist die Treue im Kleinen! Das lehrt einen der Hofmeisterberuf. Nichts bringt einem die

Schwäche und Unzulänglichkeit so peinlich zum Bewußtsein, als das stete Bilden an einer Menschenseele. Oft schon meinte ich befriedigt: nun kennst du dein Herz — da deckt mir mein Knabe wieder eine neue Seite auf, und ich merke, daß ich in der Schule der Selbsterkenntnis noch auf der Schülerbank sitze.

Dafür ist auch der Umgang mit einem liebebedürftigen Kindesgemüt am meisten geeignet, die Kraft der Liebe im Herzen zu entbinden. Es fällt mir so oft das Wort meines Pfarrers ein, es stimme den Menschen fromm und demütig, wenn er Blumen aufziehe. Es ist doch noch etwas ganz anderes, wenn man Menschen bildet! Trotz all' der tausend Bitterkeiten, die ein Hofmeister zu schlucken bekommt, trotz all' der Demütigungen und Entmutigungen, die man im Berufe erfährt und sich selber bereitet, ist es ein Gottesdienst.

* * *

Ich merke, die Führung eines Tagebuchs macht hypochondrisch und führt zu nichts weniger, als zur Selbsterkenntnis! Man ist doch nicht ganz offen gegen sich selbst. Die Kunstschätze der Stadt will ich beschreiben, um an dem Schönen, das ich hier genossen habe, dereinst mich zu laben — aber über mich schreib' ich nichts mehr.

Mai.

Heute war ein wunderschöner Tag. Ich war in den

elyſäiſchen Feldern, da dufteten die Blumen und die Fon-
tänen rauſchten; die Menge drängte ſich, der Mond beſchien
lauter fröhliche Geſichter. Ich ſetzte mich vor einem der
Cafés nieder und erfriſchte mich durch den Anblick des lebendigen Treibens. Man wird wahrhaftig nicht müde, in das
bunte Gewimmel zu ſchauen, ſo unterhaltend iſt der Wechſel
der Scene. Von dem Platz her tönte das endloſe Wagen-
geraſſel, rings herum ſchwatzt's und lacht's durcheinander,
daß es eine Freude iſt. Und doch iſt mir ſo öde dabei geweſen. Muß da auch noch ein Orgelmann in meine Nähe
kommen und deutſche Volkslieder ſpielen! Beim Klang der
lieben Weiſen zog mir etwas das Herz zuſammen. Ich glaube,
ich habe Heimweh! Ach, Deutſchland, du Land des Gemüts,
nach dir zieht michs zurück; ein ehrlicher Deutſcher paßt nicht
in dieſes leichte Treiben, ſo glänzend und ſo lockend es iſt.
Ein ehrlicher Deutſcher aber will ich ſein, meinem Vaterland
will ich in Treue dienen, und wär's auch im beſcheidenſten
Berufe!

* * *

Heute Abend mußte ich einen Fremden, der an mich
empfohlen war, in einen der zweideutigen Gartenſäle führen, die ſo viel Elend und Laſter umſchließen. Unter den
Mädchen, die dort dem tollen Leben ſich hingeben, traf ich
jene Sängerin, mit der ich einſt ſo viel muſiziert habe; ſie
ſchlug die Augen nieder, als ich ſie am Arm eines mit

goldenen Ketten behängten Russen begegnete. O Babel! Fort!

Auf dem Heimweg hörte ich hinter mir eine liebliche, melodische Stimme: sie redete deutsch und gehörte einem wunderlieblichen Mädchen! O Deutschland, du hast allein Frauen! Ja, ich glaube, ich habe Heimweh!

Morgen geht's aufs Land, ans Meer.

* * *

An Freund N. in C.

Am Meere.

Lieber Freund! Ich atme tief auf, jetzt fühle ich mich wieder frei und gesund! Jetzt erst spüre ich, daß ich krank gewesen bin, so lange mich das bunte, tolle Leben der Stadt gefangen hielt. Als der Zug die Barrière der großen Sirenenstadt überschritt und in die grüne Ebene hineindampfte, da schon löste sich der Bann. Was köstliche Luft und fettes junges Grün ist, habe ich gar nicht so gewußt. Ich kann mich nicht satt sehen daran, und nun trinke ich förmlich die frische Seeluft.

Ich kam spät abends an und ließ mich, da ich die Familie nicht mehr aufsuchen mochte, ins Hotel Frascati führen, das hart am Meere liegt. Dort ließ ich mir Zimmer, die auf den Strand liegen, anweisen.

Da ich müde war, legte ich mich bald zur Ruhe. Am andern Morgen machte ich mich früh heraus. Wie ich ans

Fenster trat, lag zu meinen Füßen die unendliche See. Silberblau erglänzte die Flut und ruhte in feierlicher Sabbatstille. Leise Bewegung brachte die aufgehende Sonne in den Spiegel; wie goldene Fäden zog sichs durch denselben hin.

Ach, der Anblick stimmt fromm und macht stille! Was ist der Mensch, daß du sein gedenkest, und des Menschen Kind, daß du dich seiner annimmst! Bei dem Anblick kam mir all mein Träumen und Wünschen so klein und kindisch vor! Der Mensch kann keinen Wunsch mehr haben, als zu verschwinden, zu vergehen in Gott, dem allumfassenden!

Wie ich in stummer, unbewußter Andacht unter dem Fenster liege, da schallt wie übers Meer her ein helles Glöcklein, und wie das Glöcklein einige Zeit munter gesungen hat, fällt der Chor der Glocken von der Seite der Stadt ein. Das Meer, das volle Läuten, das dem Pfingsttag galt, überwältigte mich; es war mir, als gienge der Ewige vorüber, und dürfte ich den Saum seines Gewandes küssen.

Das ist das Bild der ewigen Gnade, das ewige, große Meer! Der Gnade, die alles, alles unser Irren verzeiht, vergiebt, in ihre Fluten aufnimmt und versenkt, die auch mich gerettet hat, daß ich festen Grund gefunden habe. Noch mehr, das ist das Bild der Liebe Gottes, die alles heilt, was wund und krank ist, alles kühlt, was in uns heiß brennt, alles, alles gut macht, was wir in unserem kindischen Trotz verbrochen haben.

Ewige Liebe — was das heißen will, versteht nur der, welcher die Sünde persönlich kennen gelernt und dem

Menſchenelend ins Auge geſchaut hat. Wie das Meer, ſo tief und weit, ſo herrlich und reich iſt Gottes Liebe. Ob die Ströme von weit her kommen und reiche Waſſermengen einherwälzen, oder ob ſie aus der Nähe kommen, ob ſie ſtürmiſch daherſtürzen, oder ob ſie müde von der langen Reiſe daherſchleichen, ob ſie kriſtallklar, ob ſie trüb ſind, dem Meere iſt's gleich, es nimmt alle auf in ſeinen Schoß, und keiner iſt verloren. Macht Gott es nicht auch ſo? Sind nicht wir die Ströme, die dem Meere zueilen? Nur die ſind verloren, die, ſtatt kräftig ſtrömend Berg und Thal zu erquicken, träge im Sande verſickern und das Meer gar nicht erreichen!

Verzeih, lieber Freund, dieſe Schwärmerei. Du kannſt dir meine Stimmung eben gar nicht denken. Mir iſt, wie einem Geneſenden.

Das Verhältnis zum G.'ſchen Hauſe wird in den nächſten Wochen ſich löſen. Mein lieber Junge ſoll in ein Inſtitut. So hat ſich der Herr Papa plötzlich entſchloſſen. Es iſt mir dabei eigentümlich- zu Mut. Schon ſeit Wochen gieng ich mit dem Gedanken um, das Verhältnis zu löſen, da mich die Hofmeiſterei über die Maßen angreift. Ich that es nicht, weil ich der mir nun einmal auferlegten Pflicht nicht aus dem Wege gehen wollte. Nun hat Gott ſelber die Sache gemacht. Man muß nur warten können!

Ich ſpanne alſo wieder die Flügel aus, aber nicht, um als Künſtler im Fluge die Welt zu durchmeſſen und Ruhm und Ehre zu erbeuten, nein, ich fliege heim in die Stille, mir dort ein verborgenes Neſt zu bauen!

Ich sehe dich vor mir, wie du dir an den Kopf greifst und nicht recht weißt, ob dein Freund etwa nur einen schlechten Witz macht. Es ist mir aber Ernst! Mein höchstes Ideal ist eine stille, recht abgelegene Pfarrei.

Und das ist das Ende? höre ich dich recht enttäuscht fragen. Ja, das ist das Ende! Ich muß daheim werden in mir selber und unter den Menschen. Dazu bedarf ich der Stille, einer ruhigen Thätigkeit, in der ich ausreifen kann. Glanz und Ruhm hat etwas Berückendes; aber wenn es mir gelingt, einem verkommenen Menschen den Weg zum Himmelreich zu zeigen, eine arbeitsharte, des Drucks der Liebe entwöhnte Hand in die Hand der ewigen Liebe zu legen, dem Verzweifelten Licht, dem Sterbenden Trost zu bieten, da thu ich Gottes Werk und kann ihm danken für die reiche Fülle von Gnade und Frieden, die er mir geschenkt hat. Ich sehe deine Augen immer größer werden, ich fühle, daß ich dir Rechenschaft schuldig bin; doch das geschieht besser mündlich!

Dein Christoph.

Daheim.

„Mit taufend Wünfchen bin ich ausgegangen,
Heimkehr' ich mit befcheidenem Derlangen,"
Gerok.

Chriftoph hatte in der frifchen Natur und unter dem
kräftigenden Einfluß der Seeluft bald wieder die
alte geiftige und körperliche Frifche gewonnen.

Dabei war er freilich ein anderer geworden. Er hatte
das große Leben an fich vorüberziehen fehen; das, wornach
Taufende als nach dem Begehrenswerteften fich fehnen, hatte
er zum Teil felbft mitgemacht und dabei erfahren, wie arm
und erbärmlich diefe große Welt in ihrem aufgefteiften Glanze
ift. Chriftoph war aufrichtig genug, um fich den Katzen-
jammer einzugeftehen, den das tolle und geiftreiche Jagen
ihm zurückgelaffen hatte. Wie durch eine innere Offenbarung
war in ihm die Gewißheit aufgegangen, daß er den Frieden
des Herzens da nicht finden könne, wo er ihn bisher gefucht
hatte, in den Dingen außer ihm. Nach innen, zu ftrenger

Selbstzucht und Selbstreinigung wies ihn eine innere Stimme. Das, was er durch strenge Arbeit am eigenen Selbst gewonnen hatte, dem Umtrieb des Lebens zu übergeben, mit dem Wenigen, das er zur Zeit sein eigen nannte, in einem kleinen, leicht überschaubaren Kreise den Menschen zu dienen, das stand als die Aufgabe vor ihm, durch deren treue Erfüllung er den Frieden, nach dem sein Gemüt dürstete, zu erringen hoffte.

Unwiderstehlich zog es ihn zurück zu dem geistlichen Amte, das er einst so gerne hingeworfen hatte. Er mußte wohl, daß er eine einsame Stellung unter den Amtsgenossen in der Heimat einnehmen werde. Denn in das Schema der Parteien, welche sich dort um den Eingang in das Himmelreich zankten, paßte seine lebenswarme, unmittelbar aus der Erfahrung und dem mit tiefem Ernste ergriffenen Evangelium stammende Anschauung nicht. Den Jesus des Evangeliums als den rechten Führer und Herrn, sein lebendiges Wort als die bestimmende Macht in das eigene Herz aufzunehmen, den eigenen Sinn und Geist Ihm immer vollkommener anzubilden, das erschien ihm als die Aufgabe aller Schriftforschung. Darin konnte ihn die historisch-kritische Arbeit nicht irre machen, vielmehr nur bestärken, weil sie näher und näher zur Person des Herrn hindrängte. Unbefangen stand er darum der sogenannten exakten Theologie gegenüber, denn er fühlte seinen religiösen Besitzstand dadurch nicht gefährdet, sie berührte denselben im tiefsten Grunde nicht. Er hatte die Herrlichkeit des eingeborenen Sohnes vom Vater voller

Gnade und Wahrheit gesehen, war ihrer unmittelbar inne geworden, sie hatte ihn ergriffen und erfaßt; sie blieb dieselbe, wie sich auch die menschliche Erscheinung darstelle oder erklären lasse. Diesen Jesus, wie er im Evangelium leibt und lebt, in die Welt, ins Leben, in die hungernden Gemüter hereinzustellen, Ihm Jünger zu werben zum Bau seines Reiches, am liebsten im verborgenen, engen Kreise ohne Lärm und Geräusch, darauf schien es ihm anzukommen in dem Amte des evangelischen Seelsorgers! Er verlangte daher nach der Stille und sehnte sich weit weg von dem Gezänke der kirchlichen Parteien nach einer kleinen verborgenen Gemeinde.

So betrat er den deutschen Boden mit dem Vorsatz neuer Treue gegen sich selbst und gegen den, der ihn so liebevoll und freundlich geführt.

In der Heimat trieb es ihn zuerst zu dem alten Pfarrherrn. Wie er unter die Thüre trat, begrüßte ihn der ehrwürdige Mann mit den Worten:

„Ich hab's ja gewußt, daß Sie wieder kommen!"

Und Christoph fiel dem Manne, der ihm wie ein Vater geworden war, um den Hals und weinte sich satt.

Die nächste Zeit brachte er im Pfarrhaus zu und nahm den Vikariatsdienst bescheiden wieder auf. Nun war's ihm eine Lust, zu reden von dem, was ihm selber das Herz erfüllte, und er spürte, wie er verstanden wurde; er fühlte es an der Wärme, die ihm überall entgegenwehte, an dem freudigen Aufleuchten in so manch' verwittertem Gesicht, wenn die alte Wahrheit im schlichten, ursprünglichen Gewand getroffen hatte.

Unter die geistlichen Kollegen kam Christoph selten. Er hatte vorläufig mit seiner eigenen Person genug zu thun; die tägliche Arbeit an sich selbst und die lebendige Forschung in Schrift, Leben und Wissenschaft stand ihm oben an. Er spürte es: ehe man es sich getrauen dürfe, die Ewigkeitsworte der Schrift zu verstehen und auf die Gegenwart anzuwenden, müsse man den Gottesgedanken, die das Offenbarungsleben beherrschen und aus ihm aufleuchten, wirklich nahe kommen, die Seele aufthun, sie in den Kern der Persönlichkeit aufnehmen um von ihnen die eigene Denkarbeit bestimmen und in Zucht nehmen zu lassen. Dazu gehört aber Stille, nicht Disputieren! Der zwecklose Bekenntniseifer und das Markten um Buchstaben, wie es das „Kränzchen" trieb, war ihm daher auch zuwider und trug ihm jetzt nichts aus.

Wurde er ab und zu bei bestimmten Anlässen gedrängt, sich zu erklären und „bei diesen entscheidenden Zeiten" Stellung zu nehmen, so erklärte er offen und bestimmt: „das, was ihm der Herr durch langmütige Führung erschlossen habe, werde er mit aller Kraft und Innigkeit festhalten. Er vermöge sich aber nicht zu verbergen, daß der Herr in seinem Reiche allerlei Diener und Haushalter brauche. Ueberhaupt sei das Himmelreich, das der Herr Christus vom Berge verkündigt habe, viel weiter, als die Bekenntniskirche, und „ceterum censeo, wer meinem Heiland gut genug ist, der ist es mir auch, und wär' er ein Zöllner und Heide!"

Den „Herrn" war dieses „Bekenntnis" zu unbestimmt, zu schillernd. Sie ließen ihn bald ganz gehen. In dem einen Kränzchen munkelte man, Christoph sei ein heimlicher Jünger des Protestantenvereins und wolle nur aus zeitgemäßer Rücksicht nicht mit der Sprache herausrücken. Der Diakonus in der Bezirksstadt, der als ehemaliger Stiftsrepetent die Wissenschaft vertrat, erklärte im anderen Kränzchen, welches sich das „wissenschaftliche" nannte, Christoph sei ein durchaus unwissenschaftlicher und charakterloser Mensch, und zwar a priori, durch die Bank! Unser Freund tröstete sich über diese Erweisungen der „brüderlichen Liebe" mit dem, was er hatte: denn was kein Auge gesehen und kein Ohr gehöret hat, und was in keines Menschen Herz gekommen ist, das hat Gott bereitet denen, die ihn lieben. Das aber kam weder im wissenschaftlichen Kränzchen des Herrn Diakonus, noch im praktischen des Herrn Dekan zur Sprache.

Noch in anderer Hinsicht nahm das Leben unseres Freundes eine entscheidende Wendung. Da er nicht viel Umgang nach außen pflegte, so schloß er sich immer fester an das Pfarrhaus an. Er hatte ja Niemand in der weiten Welt, außer diesen ihm so teuer gewordenen Leuten. Wohl hatte er viele Freunde von früherher und er blieb ihnen herzlich zugethan. Aber sie waren weit von ihm entfernt, überall herum zerstreut. Die Freunde, mit denen man sich wie für die Ewigkeit verbunden meint, so lange man noch Arm in Arm miteinander in die Hörsäle geht und beim fröhlichen Gelage schwärmt, gehen eben später ein jeder seinen Weg.

Das Band reißt nicht, es bleibt fest geknüpft, aber die Freundschaft vermag das Herz nicht mehr auszufüllen, weil der gemeinsame Lebenskreis, die gemeinsame Stimmungs- und Gedankenwelt fehlt.

So ist es gewiß kein Wunder, daß unser Freund das Pfarrtöchterlein öfter ansah. Sie war jetzt zur Jungfrau herangewachsen; in den Zügen spiegelte sie den verstorbenen Liebling Elisabeth wieder. Die ganze Erscheinung hatte etwas Zartes, Liebliches, Duftendes, am ehesten dem Veilchen zu vergleichen. Im Umgange hatte sie etwas überaus Schüchternes, war aber in ihrer Schüchternheit und ängstlichen Zurückhaltung die rührende Anmut selbst.

Christoph hatte ja auch Augen zum Sehen und ein Herz zum Fühlen. Der Glanz der Unschuld, der über das holde Wesen des d e u t s c h e n Kindes ausgegossen war, berührte ihn um so tiefer, als er von den niedlichen, koketten Sirenen Welschlands herkam.

So kam's, daß Christoph sich zunächst erbot, zur musikalischen Ausbildung der „Fräule Marie" etwas beizutragen. Freilich, die an ländliche und häusliche Arbeit gewöhnten Fingerlein wollten auf den Tasten des alten Spinetts gar nicht recht daheim werden, kaum daß ihnen ein leichter Choral gelang. Um so schöner und herzrührender war der Gesang des Mädchens; den brauchte sie nicht zu lernen, er war ihr angeboren oder angeflogen.

So gab's viel schöne Dämmerstunden, in denen Christoph nach alter Gewohnheit sich ans Klavier machte und da Volksweife um Volksweife aneinanderreihte. Maria mußte dazu singen, und zuletzt sang allemal die ganze Familie andächtig mit, wie in der Kirche. Selbst der Pfarrer legte bisweilen die treue Pfeife aus dem Mund und brummte etliche unbestimmte Baßtöne dazwischen.

An den Sonntagen wurde meistens ein Familienspaziergang gemacht. Voran stürmten die Kleinen, dann kam der Pfarrer, seine Liebste, sein „Weible", am Arm, gravitätisch einherschreitend und freundlich nach allen Seiten grüßend, denn er hatte für jeden Begegnenden ein Wort. Es war kaum einer im Dorf, dem er nicht am Konfirmationsaltare segnend die Hand aufgelegt hatte.

Auf solch' einem Spaziergange fügte es sich einmal, daß beim Rückweg Christoph und Maria hinter den Alten zurückblieben. Ach, der Mond schien so lieb und treu, die dunklen Tannen dufteten in der Abendkühle so lieblich und würzig. Die beiden jungen Leutchen faßten sich an der Hand — doch

> Wie soll ich reden, wo kein Wort
> Mir ausdrückt, was ich sagen will?

Man hörte plötzlich etwas wie Vogelgezwitscher. Das war auffallend, denn die Vögelein hatten alle schon die Köpfchen unter die Flügel gesteckt und schliefen. Die Tannen, diese geschwätzigen alten Jungfern, müssen das sonderbare Geräusch weiter nach vorne getragen haben, denn plötzlich, wie die Jungen sich umschlungen hielten und der Mond gerade recht lustig die Scene beleuchtete, wandten sich die Alten um, und heraus war die Geschichte.

Nun, der Alte war eben nicht bös, und die Mutter „hat's geahnt, hat's kommen sehen!" Den Geschwistern war der neue Bruder auch recht und willkommen.

Ach, das war eine Freude und ein Sonnenschein in dem stillen Hause. Es gibt nichts Schöneres, als die Freude reiner und guter Menschen.

Beim Nachtessen war der gute, alte Herr um zwanzig Jahre jünger. Ein Späßlein jagte das andere. Der Erinnerung an alte Zeiten war kein Ende; immer hieß es: „Weißt Weible, damals!" und verschämt, als wäre sie die Braut, sah die wackere Pfarrerin vor sich nieder. Heute durfte schon etwas draufgehen; darum dampfte auch eine tüchtige Schüssel Punsch auf dem Tisch, und die Kinder durften alle aufbleiben.

Die Gläser wurden vollgeschenkt, der alte Herr erhob sich, nahm das Käppchen ab und hielt eine Rede; sie war nicht gerade poetisch, nicht schwungvoll, aber so voll treuer Herzlichkeit und so voll tiefen Ernstes, daß die fröhliche Gesellschaft stille wurde, und Christoph, der heute mit Maria den Sofa einnehmen durfte, tief ergriffen auf den ehrwürdigen Mann blicken mußte. Ach, wie war er so glückselig, daß er den Namen „Vater" wieder sagen durfte.

Der alte Herr brachte selbst die kleine Gesellschaft wieder ins Geleise der Fröhlichkeit. Es wurde spät, bis man sich trennte, um zu Bette zu gehen.

Auf seinem Zimmer angekommen, trat Christoph noch ans offene Fenster. Sein Herz war übervoll. Kühl wehte

ihm die würzige Nachtluft um die heißen Schläfe. Im Wal-
desrauschen vernahm sein Herz einen wundersamen Chor, in
den er bewegt einfiel, und dessen Refrain lautete: „Lobe den
Herrn, meine Seele, und was in mir ist, seinen heiligen Namen; lobe den Herrn meine Seele und vergiß nicht, was er
dir Gutes gethan hat."

> Der Herr hat alles wohl gemacht,
> Dem Herrn allein die Ehre!
> Amen.

Anmerkungen.

1) Aus dem Nachlaß von Theobald Friedrich Köstlin, geb. den 24. Juli 1844 zu Täbingen, gestorben am 26. März 1873 daselbst nach zwanzigjährigem, schwerem Siechtum.

2) Aus nachgelassenen Blättern von C. Reinhold Köstlin.

3) Letztes Gedicht von C. Reinhold Köstlin, wenige Tage vor seinem Tode der am Krankenlager wachenden Gattin in die Feder diktiert.

———◄◆►———

Inhaltsübersicht.

— —

——